日本の宗教

——その諸様相——

岸根敏幸著

晃洋書房

目次

はじめに……………………………………………………………… 1

第一章　日本神話の神々――『古事記』を中心に―― ………………… 3

一　日本神話と記紀神話　3

日本神話とは何か／『古事記』の特色

二　イザナキとイザナミの生成神話　7

国土の生成／神々の生成／イザナミの死と黄泉つ国／三貴子の誕生

三　アマテラスとスサノヲ　15

ウケヒとスサノヲの暴挙／アマテラスの天の石屋籠もり／スサノヲのその後

四　オホクニヌシの盛衰と天つ神の御子の降臨　21

オホクニヌシの国作り／タケミカヅチノヲの活躍とオホクニヌシの国譲り／

ホノニニギの降臨

第二章　八幡信仰の展開……………………………………27
一　八幡信仰の形成　27
八幡神の起源／祀られる神／宇佐八幡宮の創建
二　八幡神の国家進出　33
託宣する神①――放生会の成立／託宣する神②――大仏の建立／託宣する神③――道鏡事件／八幡大菩薩の誕生／八幡神の京都進出――石清水八幡宮の創建
三　八幡信仰の多様性　43
八幡信仰と清和源氏――弓矢八幡の成立／鶴岡八幡宮の創建とその意義／筥崎八幡宮と「敵国降伏」／八幡信仰の民衆化

第三章　『霊異記』にみる因果応報の観念……………………51
一　因果応報とは何か　51
日本人にとっての因果応報／インドの宗教思想における因果応報／仏教と因果応報
二　『霊異記』について　57
著者の景戒／著述の意図／「現報」――『霊異記』の中心概念
三　テーマ別に見た説話　63

五種のテーマ／テーマ①――善行の報い／テーマ②――悪行の報い／テーマ③――冥界往還／テーマ④――輪廻／テーマ⑤――歴史的人物の登場

第四章　怨霊と御霊――霊魂の宗教思想――……77
一　跋扈する怨霊　77
死霊としての霊魂／怨霊とは何か／日本古代の怨霊
二　怨霊から善神へ――御霊信仰の成立――　83
御霊とは何か／六所御霊に見いだされる特色／御霊会と御霊神社
三　牛頭天王と祇園会　89
牛頭天王とは何か／祇園会の成立と展開
四　天神としての菅原道真　93
道真の栄達と左遷／「道真の祟り」と囁かれる出来事／北野天満宮の創建／太宰府天満宮の創建とその後の道真信仰

第五章　神と仏の邂逅――「神仏習合」という現象――……101
一　本地垂迹への展開　101
仏教の受容と神仏習合／神身離脱と神前読経／神宮寺の建立と寺院による神

の勧請／伊勢神宮と仏教／仏教における護法善神／本地垂迹説の成立
二　神仏習合説の形成　113
山王神道／両部神道／法華神道
三　神仏習合に関連する諸信仰　119
熊野信仰――「浄土」としての熊野／稲荷信仰――仏教系稲荷の誕生／地蔵信仰――境界神としての地蔵菩薩

第六章　地獄の表象――『往生要集』の地獄描写――……127
一　「地獄」という観念　127
地獄とは何か／仏教における地獄像／黄泉つ国と地獄／地蔵十王信仰の成立
二　『往生要集』について　135
著者の源信／『往生要集』の内容
三　地獄の具体相　139
地獄の全体像／等活地獄と黒縄地獄／衆合地獄と叫喚地獄／大叫喚地獄と焦熱地獄／大焦熱地獄と阿鼻地獄／『往生要集』の地獄描写――その意義と影響

第七章　キリスト教伝来とキリシタンの誕生……151
一　キリスト教の日本伝来　151
イエズス会のアジア布教／ザビエルの活躍
二　キリスト教の浸透　155
キリシタン大名の誕生／主なキリスト教宣教師／天正遣欧使節／キリスト教と仏教の対論
三　キリスト教への弾圧　163
秀吉の伴天連追放令／江戸幕府のキリスト教禁教政策／島原の乱
四　潜伏キリシタンの軌跡　169
キリスト教徒の潜伏／潜伏キリシタンへの弾圧／キリシタンの復活
注　記……175
あとがき……195

はじめに

「宗教」と呼ばれるものをどのように捉えるかについては様々な見方があるだろう。試みに理念的な両極を想定してみるならば、一方では、宗教こそ人間の生きる礎と捉えて、人生の最初から最後までを宗教的に規定してゆくような立場があるであろうし、他方では、宗教は人知の開けていない未開時代の因習と捉え、理性的な認識を深化、拡充させることで人間は宗教から脱却してゆくべきなのであるというような立場もあるだろう。そして、この両極の間には無数に近いほど宗教の捉え方があると言えるのである。

しかしながら、古より世界の大部分の人々は例外なくと言ってよいほど、宗教的な営みを続けてきた。そのような事実に立脚するならば、「宗教は人間にとって不可欠な営為である」という作業仮説を立てることはけっして不可能ではないであろう。たしかに宗教はその世俗化現象によって、表面上、わたしたちの日常生活や関心事から姿を消しつつあるかのように見えるが——もっとも、それは日本や欧米諸国の事例に基づいているのであって、イスラム教圏などにはその指摘が当てはまらないかもしれないであろう——、もし人間にとって宗教が不可欠な営為であるとするならば、たとえその形態が従来とはまったく異なるものになろうとも、宗教は依然として存続してゆくのではないであろうか。そして、一見、宗教とは思えないような社会の諸現象の中にも宗教との何らかの接点を見いだしてゆく可能性あるいは必然性が存在しているのではないであろうか。

これらの問題を考える上でも、様々な形で展開してきた宗教的な営為の歴史を知り、人間と宗教が関わることの意味について改めて問い直してゆく必要があるのではないかと思う。そのような視点から、本書では、世界の中でも特にわたしたちに身近な日本の宗教を対象にしたいと思う。

ただし、日本の宗教だけを取り上げるにしても、数千年に及ぶ長い歴史があり、そこには、日本古来の神祇信仰や仏教、道教、キリスト教などの外来宗教、さらに、様々な宗教の習合によって日本で独自に展開していった宗教形態など、多種多様な宗教的事象が含まれている。それらを網羅的に捉え、そこから「日本の宗教は……である」という結論を引き出すことは容易ではない。

本書は日本の宗教を考察する手始めとして、率直に言えば、現在扱うことが可能なテーマから取り組んでゆきたいと思うのである。したがって、それらの記述はけっして体系的とは言えないし、年代的にある程度整序されてはいるが、内容的にもアトランダムである。本書が扱おうとしているのは、日本の宗教史において重要なポイントとみなすことができる日本神話、八幡信仰、因果応報、御霊思想、神仏習合、地獄思想、キリスト教伝来という七つのテーマである。日本人と宗教の関わりについて興味深い知見を与えてくれるこれらのテーマを順次取り上げながら、日本の宗教が表し出してきた諸々の様相について捉えてゆきたいと思う。

第一章　日本神話の神々――『古事記』を中心に――

一　日本神話と記紀神話

日本神話とは何か

世界のほとんどの地域には神話が存在している。神話を保持しない部族や民族は存在しないと言っても過言ではない。ではそもそも、この神話とは何であるのかと言うと、(1)森羅万象について人間がいだく根本的な問いに答えた説話と言ってよいであろう。それはしばしば聖なるものの存在を前提においている。人間は、この世界がなぜ存在するのか、人間がなぜ生まれ、なぜ死ぬのか、といったことを問わざるをえない存在である。神話はそれらの問いに対して、聖なるものとの関わりで、一つの明確な世界観や人間観などを与えてきた。そして、各々の部族や民族はそのような神話を共有することで集団としての統合を維持してきたのである。

もちろん、それらの集団も他の集団と接することで絶えず集合と離散を繰り広げるであろうから、神話も常に一定なのではなく、絶えず他の神話との接触によって変化してゆく可能性がある。その変化を「混交化」(シンクレティズム)と呼んでもよいであろう。わたしたちはたとえば「ギリシャ神話」「ケルト神話」などという言い方をするが、それは厳密に言えば、その地域に存在してきた集落の集合と離散によって混交化した神話の総称なのである。

本題である日本神話についても同様のことが言える。日本神話と呼ばれているものには、日本で形成されたものもあるであろうし、比較神話学の成果が明らかにしてきたように、これまで日本で伝承された多くの神話が外国の神話と酷似しており、おそらく古代人の移動に伴って日本に伝えられてきたものもあるであろう。そのような違いがあるにもかかわらず、それらの神話は日本の人々に受け入れられ、伝承されてきた。オリジナリティの問題はともかくとして、「日本」という集団意識に連動して形成、混交化、伝承されてきた神話という意味で、それらを「日本神話」と呼ぶことは決して不可能ではないと思われるのである。

古代日本には多くの国々――というよりは「集落」と言った方がよいだろう――が存在していたと言われる。古代の日本国家というと、邪馬台国や大和朝廷などをすぐ連想してしまうが、おそらくそれとは独立した共同体を形成し、独自の神話を保持していた国々が多数存在していたと思われる。古代の日本神話ではおそらく地域によって独自の価値観をもつ極が見いだされ、その意味で多元的であったと言えるであろう。

しかし、日本が統一国家をめざして様々な共同体を吸収・合併する過程において、神話も大きな変化を被らざるをえなかった。神話を維持する集団そのものが変容してしまったからである。母体となる共同体が一つの統一国家へと組み込まれてゆくに伴って、独自の価値観をもっていた様々な神話も、混交化しつつ、同時に支配者の論理に合致するような特定の価値観のもとに統合されてゆく形で展開していったと思われる。その結果として生み出されたのが、日本神話の双璧をなす『古事記』と『日本書紀』である。この二書は古来「記紀」と称されて、日本神話の中核を形成する基本文献として位置づけられてきた。

『古事記』の特色

「記紀」は多様な神話伝承を取り込みながらも、天皇に中心とする朝廷の権威を示すという要請から、それらを編纂している点に注意しなければならない。したがって、記紀は「朝廷神話」ともいうべき性格をもっているのであって、そこに説かれていることがそのまま日本の様々な神話伝承を反映しているという訳ではないのである。

さらに言えば、この「記紀」を構成する『古事記』と『日本書紀』の両者においても、細かく比較すると、様々な違いが見いだされる。それらの違いが出てくる理由として、あくまでも相対的な違いではあるが、神話伝承にどれだけ深く関わってゆくかというスタンスの違いが影響していると言えるであろう。そして、そのスタンスの違いこそが『古事記』と『日本書紀』の神話の性格を規定することになっていると考えられるのである。

概して言えば、『古事記』は『日本書紀』よりも、神話それ自体に深く関わろうとしている。おそらくは本来異なる神話伝承であったものが、編纂者の意図の元に整理統合され、それらが一つの作品にまとめ上げられているのである。

天上界の至高性を示すと思われる「高天原《たかあまはら》」という概念の意義を強調し、様々な背景をもつ神々の名前や系譜を列挙し、イザナミの死によって表し出される黄泉つ国という異世界が登場させ、本来は天つ神にとって敵であるはずのオホクニヌシについて詳細に記述し、神々のやりとりに関連して多くの歌謡に言及する。豊富な神話伝承が巧みに盛り込まれ、それが一つの作品として結実しているのである。『古事記』の神話が文学作品としても鑑賞されてきた所以である。

これに対して、『日本書紀』――特にその本文――の場合、日本という国家の成り立ちを記録するという性格をもっており、神話伝承に深く関わるより、人の時代の前段階として神の時代を描こうとする傾向が強い。前述の『古事記』の記述と対比すると、「高天原」という概念が前面には登場せず、神々の登場は必要最小限にとどめられ、イザナミが死ななかったという設定によって黄泉つ国の登場を回避し、敵対するオホクニヌシについての言及はほとんど見出されず、歌謡への言及もそれほど多くはない。もっとも、『日本書紀』の別伝には『古事記』に類似するような伝承も多く見いだされるが、それは傍系資料にすぎず、『日本書紀』の編纂者が認めるものではないのである。

両書の違いは神話の核心的な部分にまで及んでいるが、本書では、特に『古事記』を中心に日本神話の神々について考察することにしたいと思う。その理由は第一に、両者に多くの違いがあり、それを網羅して考察することが煩雑になるということ――しかも、『日本書紀』の場合、本文とは別に内容が各々違う複数の別伝が併記されるという独特の形をとっており、その煩雑さにさらなる拍車をかけるであろう――、第二に、考察の主眼が日本神話に現れる神々の生き生きとした姿を描き出すことにあり、その点で、『古事記』の記述に特に惹かれるものがあるからである。ただし、『古事記』と『日本書紀』の重要な違いについてはその都度、本文や注記などで言及することにしたい。

二　イザナキとイザナミの生成神話

国土の生成

『古事記』の冒頭部分では、イザナキとイザナミによる国土の生成が説かれている。天地が開闢して「高天原」という天上界にアマノミナカヌシ、タカミムスヒなどの五神――いわゆる「別天つ神《ことあまつかみ》」――が現れ、それに続いて「神世七代《かむよななよ》」と呼ばれる神々が誕生する。その神世七代の最後に出てくるのがイザナキとイザナミである。「イザナ」という誘いの語からも想像されるように、お互いに引かれあった男女一対の神と考えられるであろう。

この両神は天つ神たちによって与えられた「この漂える国を修め理《つく》り固め成せ」という命令を承け、塩が堆積してできたオノゴロ島に降り立ち、国土の生成に着手する。それまでの国土は脂のように固定した形をもっておらず、またクラゲのように海を漂っているにすぎなかった。この国土に明確な形を与え、世界にしっかり根づかせることこそ、この両神の使命であった。『古事記』で語られる国土の生成は生殖になぞらえた形で構想されており、男性神と女性神の生殖行為によって国土があたかも子供のように生まれるという筋書きで展開する。

イザナキとイザナミの間にまず生まれたのはヒルコ――おそらく蛭のように骨のない生物のことか――であったが、良くない子であるとして小舟に乗せてそのまま海に流してしまう。良くない子であるからといって捨ててしまうというのは何とも酷い話であるが、同様の話は台湾などのアジア諸地域に流布している。続いて生まれた淡嶋《あは》――「良くない島」という意味か――も失敗に終わった。なかなか良い子が生まれないので、天に昇って、神々に意見を求め、その助言に従うと、ようやく待望の子――と言っても、国土であるが――が生まれる。

生まれた順に記して行くと、淡道《あはぢ》の穂の狭別《さわけ》嶋（淡路島）、伊予の二名嶋（四国）、隠伎の三子嶋（隠岐島）、筑紫《つくし》嶋（九州）、伊伎嶋（壱岐島）、津嶋（対馬）、佐度嶋（佐渡島）、大倭豊秋津《おほやまととよあきづ》嶋となり、これらを総称して「大八嶋国」と呼んでいる。その後、吉備児嶋、小豆《あづき》嶋、大嶋、女《ひめ》嶋、知訶《ちか》嶋、両児《ふたご》嶋が生まれて、国土の生成が完了する。

この記述で特筆すべき点を三点挙げておこう。まず第一は、伊予の二名嶋は身体が一つで顔が四つあるとされ、名前から推測して、四つの顔の中で二つは男性、残る二つが女性という形で構成されている点である。筑紫嶋も同様に、一つの身体に四つの顔があるが、こちらはすべて男性である。第二は、大倭豊秋津嶋が具体的に指している範囲についてである。「秋津」というのは大和地域の地名であるから、大倭豊秋津嶋は本州そのものではなく、大和を中心にした畿内を指すという説がある。しかしその場合、大八嶋国が東北、関東、北陸、東海、山陽、山陰地方のほとんどを欠いてしまうことになるだろう。したがって、大倭豊秋津嶋とは、本州の中で当時の朝廷が支配していた部分全体を指していると考えた方がよいと思われる。第三は、『日本書紀』の記述との違いが多数見られる点である。その違いを列挙すると、最初に生まれたのが、ヒルコではなく、淡路島であるという説がある点、大八嶋国に含まれる八つの島がかなり一致していない点(2)、隠岐島と佐渡島が双子であるとの説がある点などである。

神々の生成

イザナキとイザナミは、国土の生成に続いて、神々の生成に着手する。『古事記』では両神の子および子孫を含めて、合計四十柱――「柱」は神を数える単位――の神々が列挙されている。すべてを挙げることは煩雑になるので、ここでは主だった神々について解説することにしよう(3)。

まずオホワタツミ。「ワタ」は海のことで、原義は海の神あるいは海にいる神で、転じて海を司る神とみなされてきた。別名「ワタツミ」とも言う。この神は海に宮殿を構えており、日向神話でホヲリの妻となるトヨタマビメの父として登場する。

次はハヤアキヅヒコとハヤアキヅヒメ。これらは男女一対の神で、同じように対になっている神が他にも数組ある。両神は別名「ミナト」と呼ばれており、河口を司る神と考えられる。この二神は河と海の管掌に関連する八つの神を生んでいる。

次はオホヤマツミ。これもオホワタツミと同じ用法で、山の神、山を司る神ということになる。この神は野を司るノヅチとともに、山と野の管掌に関連する八つの神を生んでいる。

次はトリノイハクスフネ。(4) 別名を「アマノトリフネ」とも言う。船を司る神なのか、船そのもののかはっきりしない部分があるが、その船はおそらく鳥のように早く——あるいは船が鳥の姿に似ていて——、石のように頑丈な楠でできた船を指していると思われる。このトリノイハクスフネは後にタケミカヅチノヲがオホクニヌシに国譲りを要求したときに同伴している。

次はオホゲツヒメ。食物を司る神であるが、イザナキとイザナミがすでに生んでいた四国の粟国(すなわち、阿波国)も同じ「オホゲツヒメ」と言う。両者の関係について明確なことは言えないが、オホゲツヒメが粟を蒔いて、現在の徳島に広めたという伝承もあり、両者は何らかの経緯を経て同一視されるに至ったのであろう。後にスサノヲはこのオホゲツヒメに食物を求めたところ、鼻や口や肛門などから食物を出したため、怒ってオホゲツヒメを殺害してしまった。そして、その死体からは稲の種や粟や小豆などが生じ、五穀の種となったと言われる。これは穀物の起源を説く食物化生《かせい》神話であり、世界の各地に同様の話が流布している。

次はヒノヤギハヤヲ。火を司る神で、明らかに男性神であるが、別名の「ヒノカグツチ」と呼ばれる時はその記述からみて女性神であった可能性もある。おそらく、二つの独立した神が一つの神としてまとめられたのであろう。イザナミはこの神を生むことで、焼かれて負傷する。しかし、負傷しながらも、冶金《やきん》、窯業《ようぎょう》、農業に関わる神々を生成する。(5) この説話は火のもっている危険性と有用性という二つの面を象徴して表していると思われる。

以上のように、イザナキとイザナミは多くの神々を生成したが、これらの神々はこの世界のあらゆる事象を司る存在と言えるであろう。たとえ器である国土を作ったところで、そこに盛りつけるものがなければ、国土は不毛である。神々の生成はこの国土に具体的な内容を与えるための不可欠な工程と言えるのであろう。以上によって、国土の生成があともう少しのところで完了するはずであった。

イザナミの死と黄泉つ国

前述のように、ヒノカグツチを生んで負傷したイザナミはついに死んでしまう。イザナキは激しく嘆き悲しみ、そして、無念さにまかせて、イザナミの命に替えて生まれたヒノカグツチを刀で斬り殺してしまう。刀に付着したヒノカグツチの血とその死体から十六柱の神々が誕生する。(6) ここでも、火は恐ろしいものであるが、同時に多くの実りをもたらすものとして描かれている。

しかし、イザナミのことを諦めきれないイザナキはもう一度会いたいと思い、黄泉《よも》つ国へと向かう。「よみ」の語源については「闇」から転じたものであると指摘されてもいるが、はっきりしていない。ただし、黄泉つ国は、死者となったイザナミがイザナキと別れて赴かなければならなかったという点で死者が赴くべき世界であり、かつ、死が穢れと捉えられていたことから、それは醜悪で、恐ろしい世界として、そして、明るさよりはむしろ暗さが強調されるものとしてイメージされていたのではないかと考えられる。『古事記』では「穢繁国《けがらはしき》」などとも呼ばれている。

イザナキはこれまでいた世界に帰ろうとイザナミを誘うが、イザナミは「黄泉つ戸喫《へぐひ》」、つまり、黄泉つ国で食事をしてしまったから無理であると答える。死の世界で食事をすると生の世界に戻れなくなるという観念は日本のみならず、たとえばギリシャ神話などにも見いだすことができるものである。しかしそれにもかかわらず、イザナミは黄泉つ神に相談してみると述べ、黄泉つ神のいる建物に入っていった。この黄泉つ神というのはおそらく黄泉つ国を司る神であろう。

こうして、イザナキはイザナミが相談し終わるのを待つことになったが、いつまで経っても戻らないので、待ちかねたイザナキは、「(明るくして)わたしを見てはならない」というイザナミの戒めを破って、火をともして建物に入ってみると、目の前には、ものすごい数の虫が蠢《うごめ》き、頭や胸などの八箇所にイカヅチを伴った恐ろしい怪物がいた。これが妻であったイザナミの黄泉つ国における姿だったのである。イザナキは驚いて逃げ帰ろうとするが、イザナミはヨモツシコメやヨモツイクサを遣わして、邪魔しようとする。最後にイザナミ自身が追いかけてきて、「わたしと離別するならば、あなたの国の人間を一日に千人絞め殺そう」と脅迫すると、イザナキは「それならば、わたしは一日に千五百の産屋を立てよう——つまり、子供を生ませること——」と応じた。この応酬によって、人間は一日に千人死ぬとともに、千五百人が生まれることが定めになったと言う。これは人間の生と死の起源を説明する説話である。こうして、イザナキはイザナミと離別し、イザナミは黄泉つ大神として黄泉つ国に永久に留まることになったのである。

ところで、このやりとりの最中にイザナキがイザナミに「わたしとあなたで作った国はまだ作り終わっていない」と語っている点が注目される。つまり、国土の生成はまだ完了していなかったのである。では何が足りなかったのか。それを明示するような記述は『古事記』そのものに存在しないが、その後のイザナキがとった行動から推定することが可能であろう。つまり、それは出来上がった国土と具体的な現象を統治する神を生成することではないかと思われるのである。

三貴子の誕生

黄泉つ国から戻ったイザナキは身を浄めるために川で禊《みそぎ》を行う。その時にも多くの神々が誕生した。その神々の中でも特に重要なのが、すすいだイザナキの左目から生まれたアマテラス、右目から生まれたツクヨミ、鼻から生まれたスサノヲである。イザナキはこの三神の誕生をたいへん喜び、「三貴子《みはしらのたふときこ》」と呼んで、他の神々とは別格の扱いをしている。以下ではこの三神について説明しよう。

まずアマテラスはその名が示しているように、太陽光との関係が予想される神である。一般に、このアマテラスは女性神としてイメージされているが、かつては男性神として、あるいは、両性具有神としても捉えられることもあったらしい。(7)『日本書紀』に出てくる「オホヒルメムチ」という別名は日に仕える巫女であると解釈されているが、必ずしも確証はない。神話の記述を見るかぎり、女性神であることは確実であろう。

このアマテラスは高天原の統治を任された。高天原というのは基本的には天上界のことであるが、同時に国土の中心を天上に投影したものとも考えられる。国土の中心になぞられる高天原を統治するがゆえにこの国土の隅々までも支配する義務を負わされているのである。アマテラスとその子孫は神々のなかでも特別な存在とみなされ、それがやがて天皇家へとつながってゆく。そのためアマテラスは皇室の祖神として信仰されるに至った。日本で最高の格式をもつ神社である伊勢神宮はこの皇祖神であるアマテラスを祀るものである。

ツクヨミは夜の食国《をすくに》の統治を任された。ただし、「夜の食国」という表現の具体的な内容はあまりはっきりしない。一般には、ツクヨミが月に関連する神であり、「夜」とあることから、夜の世界と理解されている。つまり、その世界をアマテラスが支配する日の世界と対の関係として捉えようとするのである。『古事記』ではこの神についてそれ以上の言及はないが、『日本書紀』の別伝ではその存在性がスサノヲと交錯しており、前述の食物神の殺害はツクヨミによるものとしている。

スサノヲは、時に大泣き虫、時に乱暴者、時に果敢な勇者というように多面的な姿を見せる。このような複雑な性格をどのようにとらえるかは、日本神話を理解してゆく上で大きな問題であると言える。この神は海原の統治を任されたが、妣《はは》の国根の堅州《かたす》国に行きたいと号泣していたため、父のイザナキに追放されてしまった。もっとも『古事記』では、スサノヲが生まれる前にイザナミは亡くなっているので、(8)「妣」をイザナミと捉えるならば、話のあらすじ上、齟齬《そご》を来すことになるであろう。それはともかくとして、追放されたスサノヲはそれ以降、流浪の身となり、行く先々で事件を起こしたり、あるいは事件を解決したりして、話題を提供し続け、最後は出雲国と目される地上の地に定住して、宮殿を建てて、その支配者となる。三貴子の中でもっとも生き生きと描写されており、『古事記』を彩る重要な神としてみなしてよいであろう。

三　アマテラスとスサノヲ

ウケヒとスサノヲの暴挙

イザナキに退去するように命じられたスサノヲは、退去する前にその事情をアマテラスに話しておこうと高天原へと向かった。ここで興味深いのはアマテラスの対応である。弟が来るというのに、自分が統治している高天原を奪おうとする企みであると初めから決めつけて、物々しく武装して待ちかまえている。そして、やってきたスサノヲにかけた言葉は「どうして来たのか」であった。兄弟とは位置づけられているものの、アマテラスとスサノヲの間柄は――少なくともアマテラスの側からみれば――緊張関係にあったことが窺われるであろう。そして、アマテラスはスサノヲが説明した来訪理由をそのまま信じることはせず、身の潔白をどのように証明するのかと問いつめるのである。そこで、証明するためにとられた方法は「ウケヒ」と呼ばれる行為であった。

ウケヒとは古代日本で行われていた神意を占う呪術的行為であり、たとえば、「もし、わたしが正しければ、明日の天気は晴れるであろう」と神に宣誓して、実際に晴れた場合、自らの正しさが神によって証明されたと考えるようなものである。当然、神は虚偽の宣誓などを認めないであろうから、もし、その本人が嘘を述べていれば、晴れになることはないというのである。もっとも、スサノヲは神であるから、この場合の神意とは誰のものなのかということが疑問として残るであろうが、それはともかくとして、アマテラスとスサノヲはお互いの所持品を物実《ものざね》（材料のこと）にして、子供を生みあった。ただし、この場合に重要なのは物実の所持者であって、AがBの所持品を物実にして生んだ子供は、Aではなく、Bの子供とみなされる点に注意すべきである。

結局、アマテラスはスサノヲの十拳剣《とつかのつるぎ》を物実にして、タキリビメ、イチキシマヒメ、タキツヒメという三柱の女神を生み、スサノヲはアマテラスの八尺《やさか》の勾玉《まがたま》を物実にして、アマノオシホミミら五柱の男神を生んだ。前者の三女神はいわゆる「宗像の三女神」と呼ばれるもので、宗像大社に祀られている神々である。後者のアマノオシホミミについては、その子が天孫《あめみま》として地上に降り、その子孫が後に天皇となってゆくのである。

前述のように、スサノヲの子供は前者の女神たちということになる。なお、『古事記』では必ずしも表面に出てこないが、「もし、わたしが潔白ならば、女性が生まれるであろう」という宣誓が前提になっていると考えられる。だから、その通りに女神を子供として獲得したスサノヲは身の潔白が証明されたと勝利宣言したのである。(9)

ところが、スサノヲは暴挙に出る。身の潔白、つまり、高天原を征服したり、危害を加えたりする意図がないと証明されるやいなや、暴挙に出るというのは実に不思議な感じがするが、『古事記』はその行動を、自らの潔白が証明されて勝利に酔った「勝さび」のせいに帰している。アマテラスも神意がスサノヲの潔白を示した以上、彼の暴挙を弁護せざるをえなかった。これに倣ったスサノヲは田の畔を破壊したり、田に水を引く水を埋めたり、糞尿をまき散らしたり、馬の皮を逆に剝いだりと、後代に「天つ罪」(10)と呼ばれるような悪行を重ねてゆくのである。

アマテラスの天の石屋籠もり

スサノヲの暴挙に恐れをなしたアマテラスは天《あま》の石屋《いはや》に籠もってしまう。(11)この天の石屋はその名の通り、高天原にある石窟であるが、実際にある地名にも比定されており、後に天孫が九州に降り立ったとされる高千穂をはじめ、日本各地に天の石屋として伝えられているものがある。

アマテラスが天の石屋に籠もったというこの説話の意味をめぐっては様々な説があるが、大別すれば、日食を描写したという説、冬至を描写したという説、アマテラスの死を描写したという説を基本的な型として挙げることができるであろう。以下ではこれらの諸説について考えてみよう。

まず、アマテラスが石屋に籠もって隠れてしまうというのであるから、それは明らかにアマテラスという存在が消滅するか、弱体化してしまうことを暗示している。つぎに問題になるのはそのアマテラスをどう捉えるかという点にあるであろう。そもそも、アマテラスは太陽を神格化した存在である。したがって、この場合も、アマテラスが太陽を象徴しているとするならば、石屋に籠もるという事態は太陽が地上から消えてしまうことを表しているであろう。そこで日食説が立てられる。また、太陽が消えないまでも、その存在が弱体化している様を表していると考えれば、一年中でもっとも太陽が地球から離れ、日照時間が短くなる冬至説も立てられるであろう。他方、太陽の象徴としてではなく、文字通りアマテラス自身と捉えるならば、石屋籠もりはアマテラスの力の消滅あるいは弱体化を表すことになる。そこでアマテラスの死が描写されているという説が立てられるであろう。

いずれの説の立場からもこの説話を解釈することは十分可能であり、排他的にその中のどれか一つだけを正しいと主張することは困難なように思われる。アジア・太平洋地域には類似した日食神話が多く見いだされることから、むしろ、そのような日食あるいは冬至神話を下地にしながら、アマテラスの死および再生という独自の展開を遂げていったと思われるのである。

さて、アマテラスが天の石屋に籠もることで、高天原と葦原《あしはら》の中つ国は闇黒の世界に変じてしまった。なお、「葦原の中つ国」とは天である高天原に対して、地上の世界を指すことばである。世界が闇夜になることで、魑魅魍魎《ちみもうりょう》が跋扈《ばっこ》し、あらゆる災いが同時に起こってしまった。神々はこの危機を打開すべく、アマテラスを天の石屋から連れ戻すことを試みる。(12)そのため、アマノウズメの踊りを観ていた八百万《やほよろづ》の神に笑いでどよめかせ、あたかもアマテラスがいなくても、この世界は喜びに満ち足りているかのようにカモフラージュした。さらに、不思議に思ってその様子を覗いたアマテラスに「あなたよりも尊い神が実はいるのですよ」と告げて、鏡を見せて、気を引かせている間に、腕力のあるアマノタヂカラヲが無理に引きずり出し、天の石屋にしめ縄をして戻れないようにした。このようにして、アマテラスは高天原に連れ戻され、世界の闇黒は取り除かれたのであった。

スサノヲはアマテラスの天の石屋籠もりを招いた責任を八百万の神に問われ、罪に対する贖《あがな》いとして、多く物品の提供を課せられ、ひげを切られ、爪を抜かれ、立ち去ってしまったのである。

スサノヲのその後

高天原から立ち去ったスサノヲは地上の世界に降り、出雲の地にたどり着いた。しかし、これまで母を慕っては大泣きし、粗暴な振る舞いでアマテラスを困らせ、まさしく「スサ」(＝荒)の名の通り、乱暴者というイメージが強かったスサノヲであるが、出雲の地に降り立つと、打って変わったように、英雄に変貌してゆく。両者は元々別の神で、それがスサノヲという同一の神として描かれたのではないかという説もあるが、定かではない。いずれにせよ、ここからスサノヲを主人公とする英雄譚《えいゆうたん》が展開することになるのである。

さて、スサノヲは、悲嘆にくれている老夫婦とその娘に出会った。話を聞くと、ヤマタノヲロチという八つの首と尾をもった巨大な怪物が自分の娘を毎年一人ずつ食べに来て、ついに今年で最後に残された八番目の娘のクシナダヒメが食べられてしまうので、悲しんでいるのであった。それを聞いたスサノヲはクシナダヒメとの婚姻を約束させて、ヤマタノヲロチの退治に乗り出した。スサノヲはヤマタノヲロチの八つの首のそれぞれに酒を飲ませ、酔って眠ってしまったのを見計らって、斬殺したのである。すると、大蛇の尾の中から太刀が出てきたので、スサノヲは特別に意味のあるものと考え、アマテラスに献上した。これが後に三種の神器の一つとされた草なぎの剣である。

以上がヤマタノヲロチ説話と呼ばれているもので、話そのものは、人間を生け贄にする人身御供《ひとみごくう》の危険にさらされていた娘を救い、大蛇を退治した英雄譚であるが、大蛇の体から剣が出てきたことには特別な意味がありそうである。この出来事と、大蛇の赤かがち（赤いホオズキ）のように赤い目、血で爛《ただ》れた腹などが煮えたぎる鉄を連想させるとして、この伝説を製鉄や刀剣製造の起源に結びつけようとする解釈もある。神話学の用語に「文化英雄」（culture hero）という概念があるが、これは、神話的伝承で語られる、社会に基本的な制度や技術を最初にもたらした存在を指す。もし、製鉄や刀剣製造の道を開いたとすれば、スサノヲも文化英雄ということになるであろう。また一方、大蛇が年に一度襲う洪水を象徴しているという解釈もある。この場合もスサノヲは洪水を克服する治水技術をもたらした文化英雄ということになるであろう。

ヤマタノヲロチを退治したスサノヲは約束通りクシナダヒメと結婚し、出雲の国に宮殿を建てようとした。その際、雲が立ち上り、スサノヲはつぎのような歌を詠んだと言われる(13)。

八雲立つ出雲八重垣妻籠《ご》みに八重垣作るその八重垣を
（雲が幾重にも立ち上ることよ。雲が出づるという名を負った出雲の八重垣のように、わが妻を宮殿で大事に守るため、立派な垣を作ろう。）

もはやスサノヲには母を恋しがって号泣した幼稚さもアマテラスをあきれさせた粗暴さもない。国を治める王としての貫禄を具えた偉大な存在へと変貌した。『古事記』ではやがてスサノヲを単に「大神」と呼ぶようになるのである。スサノヲとその子孫はその後大いに栄え、ヤシマジヌミ流の神族、オホトシ流の神族などの流派を形成していった。

四　オホクニヌシの盛衰と天つ神の御子の降臨

オホクニヌシの国作り

オホクニヌシは国作りを成し遂げた神で、『古事記』に現れる英雄的存在のひとりである。この神にはオホナムヂ、アシハラノシコヲ――「葦原の中つ国の屈強な男」の意か――、ヤチホコ、ウツシクニタマという別名があるとされているが、『古事記』ではオホナムヂを主人公する神話、ヤチホコを主人公とする神話、国土の支配者であるオホクニヌシを主人公とする神話が各々独立した形でまとまっており、おそらく、それぞれの神話で独自に位置づけられてきた神々をオホクニヌシという形で統一したものと考えられるであろう。なお、『古事記』ではオホクニヌシをスサノヲから数えて七代目の子孫としているが、『日本書紀』の説とは異なる。しかも『日本書紀』でも本文と別伝とで諸説があり、明確なことは分からない(14)。ただ『古事記』の記述では、スサノヲとオホクニヌシの間に親族であることを示すような親密さが見いだされないように思われる。それはさておき、以下ではオホクニヌシが行った国作りの経緯をたどってみることにしよう。

オホクニヌシの国作りへの道のりは苦難の連続であった。オホクニヌシは多くの兄弟たちに虐げられ、従者として荷物運びをさせられていた。ところが、困っていた兎を助け――いわゆる稲羽《いなば》の素《しろ》兎《うさぎ》の話――、それによってヤカミヒメとの結婚が実現に至るが、同じようにヤカミヒメに求婚していた兄弟たちは怒り、オホクニヌシを迫害するようになる。そのため策略に巻き込まれて、オホクニヌシは二度も殺されてしまう。そのたびに母が高天原のカムムスヒに懇願し、甦らせた。しかし、更なる危機を恐れて、オホクニヌシをスサノヲのいる根の堅州国に向かわせたのである。

ところが、根の堅州国も安楽の場ではなかった。すなわち、スサノヲはオホクニヌシに数々の試練を与えたのである。それはオホクニヌシが国土の支配者としての器であるのかどうかを見極めるためのものであったのであろうが、その試練は、それを与えたスサノヲ自身がオホクニヌシは死んでしまったのではと思うほどに厳しいものであった。しかし、オホクニヌシはスサノヲの娘で後に妻となるスセリビメなどの助けを受け、その試練を何とか乗り越えた。そして、スセリビメとともに、スサノヲの生太刀《いく》と生弓矢（軍事的、政治的な支配力の象徴）と天の詔琴《のりこと》（宗教的な支配力の象徴）を奪って逃げるが、気づいて後を追いかけたスサノヲはオホクニヌシをはるか遠方に望みながら、奪った生太刀と生弓矢によって兄弟を駆逐し、オホクニヌシ、ウツシクニタマとなって、スセリビメと結婚し、立派な宮殿を立てよと、事実上、オホクニヌシを支配者として認めることばを送ったのであった。

オホクニヌシは国作りに着手するが、しかし、まだまだ前途多難であった。そこに突然現れたのがカムムスヒの子のスクナビコナであった。前述のようにカムムスヒは殺されたオホクニヌシを甦らせた神であるが、ここでも自らの子供を遣わして、オホクニヌシを助けてあげた。オホクニヌシはこのスクナビコナと協力し、国作りを成し遂げるのである。オホクニヌシの生涯は苦難の連続であったが、その都度、周囲の助けによってその苦難を脱し、ついに国土の支配者になっていったのである。

タケミカヅチノヲの活躍とオホクニヌシの国譲り

スサノヲのヤマタノヲロチ退治、オホクニヌシの国作りなどと、「葦原の中つ国」と呼ばれる国土の様子がこれまで描かれてきたが、ここに転機がおとずれる。アマテラスがこの葦原の中つ国を自らの子、アマノオシホミミが治める国と宣言したからである。前述のように、天つ神の中でも重要な存在であるカムムスヒがオホクニヌシの国作りを助けていたが、その一方で、アマテラスやタカミムスヒ(15)がその国の支配権が天つ神に帰属する主張しているのは、天つ神による葦原の中つ国の統治が予め定まっていたからなのであろうか。ここにアマテラス、タカミムスヒを中心とする高天原とオホクニヌシを中心とする葦原の中つ国との間に緊張関係が生じることになる。

アマノオシホミミは葦原の中つ国に向かおうとするが、地上がそれを拒絶する雰囲気に満ちていることを察知し、引き返してきた。そこでアマテラスとタカミムスヒが神々を集め、国つ神が実質的に支配している葦原の中つ国をどのように譲渡させるかを相談し、アマノホヒを使者として派遣することになった。アマノホヒはスサノヲのウケヒで生まれた神で、アマノオシホミミの弟にあたる。しかし、このアマノホヒはオホクニヌシに媚びへつらって、使者の役目を果たさなかった。

仕方がないので、次の使者としてアマノワカヒコを派遣するが、アマノワカヒコもオホクニヌシの娘と結婚し、葦原の中つ国に居着いてしまった。そこで、アマテラスとタカミムスヒは「ナキメ」という雉を遣わし、アマノワカヒコが報告をしない理由を問いただそうとするが、逆にナキメは射殺され、その矢が高天原にまで飛んできた。タカミムスヒはこの矢を手にし、もし、この矢が悪しき国つ神の射たものであれば、アマノワカヒコにはあたらないように、もし、アマノワカヒコに邪心がある、すなわち、高天原を裏切って報告をしないのであれば、アマノワカヒコに当たれと願をかけてその矢を戻すと、アマノワカヒコは射殺されたのであった。(16)

再び使者が選定され、タケミカヅチノヲが派遣された。この神はイザナキがヒノカグッチを切った時の刀——その刀も「アマノヲハバリ」という神である——から生まれたもので、剣の威力を神格化した勇猛な神である。鹿島神宮、春日大社などの有力神社の祭神としても知られている。このタケミカヅチノヲは地上に降り立つと、オホクニヌシに国の譲渡を迫ったが、オホクニヌシはその返答をコトシロヌシとタケミナカタの二柱の子息に委ねて、先送りした。コトシロヌシは託宣を司る神とも言われ、宗教的権力を象徴していると思われるが、タケミカヅチノヲの要求をあっさり認め、隠れてしまった。タケミナカタは怪力の持ち主で軍事的、政治的な支配力を象徴していると思われる。タケミカヅチノヲに勝負を挑むが完敗し、諏訪に逃れ、二度とここから出ないと言って許しを請うた。この神は諏訪大社の祭神である。

このように二柱の子息から返答を突きつけられて、オホクニヌシもそれを認めざるをえなかった。自らの住んでいる地をアマテラスの子に譲渡し、自分は片隅の地に隠れて住もうと述べ、オホクニヌシが築き上げた葦原の中つ国の支配権はアマテラスの子に委譲されることになったのである。タケミカヅチノヲは使命を終え、以上のことをアマテラスに報告した。なお、タケミカヅチノヲは神武天皇が東征する際にも、神剣を地上にくだすという形で再登場する。

ホノニニギの降臨

オオクニヌシをはじめとする国つ神たちを降伏させて、支障がなくなったので、アマテラスとタカミムスヒは改めてアマノオシホミミに葦原の中つ国へ降りるよう命じる。しかし、これに対するアマノオシホミミの答はかなり不思議なものである。すなわち、自分には子供ができたので、その子のホノニニギを葦原の中つ国に降ろしましょうと進言するのである。ホノニニギはアマテラスの孫ということになるが、なぜここでアマテラスの子ではなく、孫が出てくるのか、『古事記』の記述からは明確なことが分からない。その理由を推測するならば、アマテラスと常に連携してタカミムスヒが活躍するが、ホノニニギはタカミムスヒの娘が生んだ子であることから、特別視されたということも考えられるであろう。さらに、実際の政治上の要請として、持統天皇が若くして逝去した子の草壁皇子に代わって孫の軽《かる》皇子を皇位に就けたこと（あるいは就けること）を正当化するために、孫を後継者にしたという話を挿入した可能性も指摘されている。ホノニニギが葦原の中つ国に降臨したことは「天孫《てんそん》降臨《こうりん》」と呼ばれることがある。「天孫」という表現は天つ神の子孫全般を指すこともあるが、この場合は、アマテラスの孫であるホノニニギそのものを指しているのである(17)。

さて、ホノニニギは葦原の中つ国へ向かおうとするが、途中、道を遮る者があった。サルタビコという神である。この神は国つ神で、ホノニニギが来るのを待ち受けていたと言う。一説によると、この神は鼻が長く、天狗のような姿であったとも伝えられ、また後代には行路の守護神である道祖神とも同一視される。サルタビコはホノニニギ降臨の先導役を務めることになった。

その他、ホノニニギに付き従うのはアマノコヤネなどの「五件緒《いつとものを》」と呼ばれる職能集団の長たる神々やアマテラスの天の石屋籠もりの際に活躍した神々、さらに、大伴氏などの有力氏族の祖であるアマノオシヒ、アマツクメなどであり、スサノヲがアマテラスに献上した草那芸剣を得て成り立った三種の神器も添えられていた。その豪華な陣容はホノニニギがアマテラスの正統な継承者であることを誇示しているとも言えるであろう。

『古事記』にはホノニニギの降臨の地が「筑紫の日向《ひむか》の高千穂のくしふるたけ」であると記されている。現在の宮崎県の高千穂地方を指しているかに思われるが、宮崎県と鹿児島県の県境、霧島連峰の高千穂峰という説もある。また、九州北部という可能性も考えられなくもない。様々な可能性があるが、いずれにせよ、九州に降臨したと位置づけられていることは確かなように思われる。

このようにして、葦原の中つ国は天つ神の頂点に立つアマテラスの正統な継承者であるホノニニギの統治下に置かれることになる。その後も紆余曲折はあるが、『古事記』ではこのホノニニギとその子のホヲリの活動とその孫のウガヤフキアヘズの誕生が描かれた後、初代天皇とされる神武天皇が登場するのである。

第二章　八幡信仰の展開

一　八幡信仰の形成

八幡神の起源

日本全国の至る所に「八幡」（かつて「八幡」と呼ばれていたものも含む）という名のついた神社が存在している。その数は公式には一万四千社ほどとされているが、小さな神社までも数え上げれば四万社ほどあるとも言われている。ちなみに、全国には大小合わせて約十一万の神社があるらしい。数の多さから言えば、「お稲荷様」「お狐様」として知られる稲荷神社も強力なライバルであり、どちらが多いのか明確なことは言えないけれども、日本の歴史上における足跡の大きさという点では、八幡神は他のいかなる神々をも圧倒していると言えるであろう。

今ではほとんど死語になってしまったが、かつては「八幡」（＝「断じて」「けっして」の意味）「南無八幡」「八幡掛けて」などの表現があった。古来、日本人はいざという時に八幡神に願をかけてきたのである。そのことから、八幡神が日本人にとってもっとも身近な神の一つであったということが窺い知れるであろう。

では、そもそも八幡神とは何であるのか。実を言うと、この問いは多くの探求者たちを悩ませ続けてきた問題である。その起源については様々な説があり、あまり明確なことが言えないというのが実状である。とりあえずはっきりしていることは、八幡神が九州に由来する神で、九州を起点にして日本全国へと広がっていったということである。もっとも、これだけではいまだ八幡神の輪郭さえ見えてこないであろうから、真偽のほどはともかくとして、これまでに挙げられてきた主な起源説について触れておくことにしよう。

まず第一は旗を立てて神の誕生を祝う祭りに由来するという説。この場合、「八幡」はたくさん(=八)の旗(=幡)という意味である。第二は「八幡」という地名に由来する神であるという説。しかし、この説に対しては、そのような地名が実際に存在しないのではないかという反証が存在する。日本全国の至る所に「八幡」という地名が存在するが、それらは八幡信仰の浸透によるものであって、その逆ではないのである。その他にも、海を生活基盤としている氏族が信仰した海の神であるとか、銅山と結びついた鍛冶の神であるとか、あるいは、「八幡」は「焼き畑」が訛って生じたものであるとか指摘されている。

確かに八幡神という神が存在する以上、その原型となるものがあったことに間違いないであろう。しかし、八幡神の場合、その信仰の多様な展開がそのまま八幡信仰の中核へと深く入り込んでしまい、その中核はもはや原型をかいま見ることができない程に厚いベールで覆われてしまったと言ってもよい。ここでは八幡信仰の成立に関して様々な説があることだけを指摘し、真偽のつきかねる詮索は控えることにしよう。そして以下では、複雑な展開を見せる八幡信仰について具体的にたどってゆくことにしよう。

祀られる神

言うまでもなく、八幡神こそ八幡信仰で祀られている中心の神なのであるが、実際に祀られているのは「八幡大神《はちまんおおかみ》」と呼ばれる八幡神自身と「比売《ひめ》大神」と呼ばれる女神の二神である（後代に神功皇后が加えられ、八幡三神となる）。どうもこの二神は子と母の関係にあると位置づけられていたようである。その点に注目して、八幡信仰の原型を母子神信仰(1)の一形態として捉える指摘もある。

後者の比売大神は本来、宇佐地域一帯に勢力を誇っていた宇佐氏が信仰していた祖神・氏神であると言われている。それが八幡信仰の中に組み込まれているのである。この比売大神はこれまでタキリビメ、イチキシマヒメ、タキツヒメという宗像の三女神のことであるとされているが、卑弥呼と同一視する説もある。宗像の三女神は第一章の第三節で触れたように、アマテラスとスサノヲのウケヒによって誕生し、それ以来、宗像大社の祭神として、海洋を見据える要害の地と言える九州北西部に鎮座してきた重要な神々である。女神であることと九州に深く関わっているということで、比売大神と同一視されたものと思われる。

順序は逆になるけれども、前者の八幡大神については、それを第十五代天皇の応神天皇と同一視する発想が生まれた。なぜ八幡大神が応神天皇と同一視されたのかというと、それはおそらく応神天皇が九州で生まれた天皇であったこと、そして、その母の神功皇后が行った治績に大きく関係しているように思われる。

『古事記』や『日本書紀』の記述によれば、応神天皇の父である仲哀天皇は、九州南部に勢力をもっていた熊襲を征伐しようと企てた。その意図は必ずしも明確でないが、仲哀天皇の父は熊襲をはじめ日本各地で朝廷に敵対する勢力を制圧した日本武尊であり、父の意志を継いだとも考えられる。しかし、この仲哀天皇は天皇に即位しても大和の地に入ることができず、敦賀、長門国豊浦宮《とよらのみや》など、各地を転々とするという不安定な状態にあった。おそらく対立する勢力が存在していたのであろう。九州に橿日宮《かしひ》（訶志比宮）という皇宮を築いたのも、必ずしも熊襲への進軍に備えたものとは言えないようである。ところが仲哀天皇は、西方に豊かな国があるという神の託宣を信じず、その神を詐欺呼ばわりした。そのため不可解な形で急逝してしまったと言う。(2) 大和から遠く離れ、しかも天皇も急死してしまった危機的状況の中で、急遽、陣頭指揮をとったのがその妃の神功皇后であった。当時、皇后は懐妊中の身で渡航し、新羅《しらぎ》、百済《くだら》を一挙に支配下においたと伝えられている。

この危機的状況を克服して生まれたのが応神天皇である（福岡県にある宇美町は応神天皇が生まれたことに因んで名づけられた地名であると言われる）。八幡信仰は、九州生まれの応神天皇を八幡大神として、またさらに、国家の危機的状況を乗り切った母神功皇后をも祭神とすることで、その更なる発展を意図したのではないかと考えられる。(3)その結果、八幡信仰で信仰される神は皇祖として皇室を守護する性格と国家の安寧秩序を維持する国家守護神としての性格を新たに獲得することになったと言えるのである。(4)

宇佐八幡宮の創建

従来、八幡神を信仰する神社は「八幡宮」と呼ばれてきた。この八幡宮の総本社であり、八幡信仰の一大発信地としてこれまで君臨してきたのが大分県宇佐市にある宇佐八幡宮である（明治五年（一八七二年）に「宇佐神宮」と改称して現在に至る）。「宇佐八幡宮」という呼称は京都に石清水八幡宮ができたときにそれと区別するために作られたもので、元々は単に「八幡宮」「八幡神宮」などと呼ばれていた。その創建の由来については複数の資料が存在しており、その内容は多種多様で、要約することは容易ではない。したがって、ここでは、鎌倉時代に成立した『八幡宇佐宮御託宣集』の記述を紹介することにしよう。

それによると、宇佐郡の菱形池周辺に八つの頭をもった鍛冶職人風の老人が出現し、それを見た人々の半数以上が死に至るという怪異現象が発生した。そこで大神比義《おおがのひぎ》という人物がその怪異を解明しようと赴くと、金色の鷹がいた。比義はこれをただごとではないと考え、五穀を絶って身を浄め、三年間祈禱したところ、欽明天皇三十二年（五七一年）に三歳の子供が現れ、竹の葉の上から「わたしは日本人第十六代誉田《ほむだ》天皇広幡八幡麻呂であり、名を護国霊験威力神通《れいげんいりきじんづう》大自在王菩薩と言う」などと語ったと言う。

この「誉田天皇」とは「誉田別命《ほむだわけ》」と呼ばれた応神天皇のことを指しているようである。第十六代というのは何代目の天皇ということであろうが、現在では応神天皇は第十五代の天皇に数えられている。おそらくこの場合、神功皇后を天皇として数えているからであろうか。また「大自在王菩薩」という呼称については、この資料を含め、創建の由来を示す資料がすべて平安時代以降のものなので、八幡神が大菩薩であるということが自明の前提になっているのである。

この怪異を解明しようとした大神比義は神社の古い形態を伝えていると言われる奈良の大神《おおみわ》神社の祭祀を司った大神氏の流れを汲むとも言われている。そうだとすれば、宇佐地域にかなり早い時期から大和系の宗教的職能者が関与していたことを意味するであろう。あるいは、従来指摘されているように、大神氏は、宇佐国造《くにのみやつこ》家として勢力を誇った豪族宇佐氏から祭祀権を奪取するために朝廷から遣わされた使者であったのかもしれない。

それから百年以上も間をおいた頃に、村の長が金色の鷹のとどまった地に祠を建てて八幡神を祀ったのが、八幡宮の始まりであるとされる（別の資料では、大神比義または辛島氏が「鷹居社《たかい》」という社を建てたのが始まりであるとも言う）。社殿は何度か移されるが、やがて壮大な社殿が創建されるに至る。

その後の宇佐八幡宮は、前述の海洋系氏族と思われる宇佐氏、大神氏、さらに帰化人で鋳銅技術をもっていた辛島氏が主導権をめぐって興亡を展開した。その展開の過程において、八幡神にはこれらの氏族たちの信仰する神々の性格が複雑に投影されていったと思われる。八幡神が母子神、海の神、鍛冶の神などと多種多様な姿を見せるのはそのためであろう。

二　八幡神の国家進出

宇佐八幡宮は八幡信仰のさらなる発展をめざして国家全体に関わる問題に積極的に介入し、朝廷への進出を試みようとした。その試みにおいて実に有効な機能を果たしたのが託宣という手段である。託宣とは俗に「御告げ」などと呼ばれ、日常世界とは異なる世界（たとえば霊界など）にいる霊的存在が日常世界の人間に自らの意思を示すことである。八幡神はしばしば託宣したとされ、前述のように、その内容を集めた『八幡宇佐宮御託宣集』という書物が編纂されたほどである。宇佐八幡宮は時代の趨勢を先読みし、八幡神による託宣を巧みに利用することで、自らの勢力拡張に成功してきたと言えるであろう。以下では、多くの託宣の中でも特に重要な三つの託宣を順次取り扱いながら、八幡信仰の新たな展開について考察することにしよう。

託宣する神①――放生会の成立

日本で行われてきた代表的な宗教的行事の一つとして放生会《ほうじょうえ》が知られている。これは、仏教の基本的な行為規範である五戒(5)の一つ「生き物を殺してはならない」という不殺生戒に由来しており、「放生」、すなわち、捕まえられた生き物を自然に帰してあげ、同時に秋の収穫をも願うという行事である。この放生会は飛鳥時代から日本で始まったが、八幡信仰と密接な関係をもっている。たとえば、もっともよく知られている放生会は京都の石清水八幡宮で開かれる石清水放生会であろう。これは天皇の命令によって行われる日本三大勅祭の一つとして位置づけられており、八幡宮内の放生池の前で「胡蝶の舞」が奉納された後、放生が行われる。

ではなぜ、放生会という仏教的な宗教行事が八幡信仰と関わっているのかというと、それは以下に示すように八幡神の託宣に由来しているからである。

九州南部に勢力をもっていた隼人は朝廷の命令に従わず、しばしば反乱を起こしたと言われているが、養老四年（七二〇年）にも大規模な反乱を起こした。朝廷はこれを鎮圧するために征討軍を派遣するとともに、宇佐八幡宮に勅使を送った。つまり、八幡神をも味方にしようとしたのである。八幡神は征討軍に味方し、最終的には、反乱の鎮圧に成功したわけであるが、その際、多くの隼人が殺戮された。したがって、八幡神は隼人の大量殺戮《さつりく》に協力するような立場になってしまったのである。八幡神はそのような立場を払拭したいと願い、隼人の霊を慰めるという意図をもって、戦死者を弔うために放生会を行うべきであると託宣を下したのである（実際のところは、八幡宮に関わる者がそのような託宣を考えたということであるが）。それ以来、宇佐八幡宮において、毎年、放生会が催されることとなった。なお、宇佐八幡宮の放生会は魚や鳥ではなく、蜷貝《になかい》（巻き貝の総称）を放生する。一説によれば、この蜷貝は隼人に見立てたものであるとも言われている。

このように、八幡神自らも隼人の大量殺戮に加担したという意識のもとに、隼人の鎮魂を願うことを動機に行われた放生会は、八幡宮の分社が全国に広がるのに連動して、日本中に浸透してゆくことになったのである。

託宣する神②――大仏の建立

第二に挙げる託宣は大仏建立に関するものである。そもそも奈良の東大寺にある大仏は正式には「毘盧遮那《びるしゃな》（または盧舎那）仏」――「毘盧遮那」「盧舎那」はサンスクリット語「ヴァイローチャナ」（広く照らすもの）の音写――と言い、『華厳経《けごんぎょう》』などの仏典で説かれている仏である。(6) 太陽の光をイメージした仏であり、地上のあらゆるものを照らし出す太陽の光のように、すべての生きとし生けるものに平安を与えてくれる偉大な仏として信仰されてきた。奈良時代の天皇で仏教に深く帰依し、自らを「三宝《さんぼう》」――仏教が信仰の対象にする「仏」「法」「僧」のこと――の奴」とさえ称した聖武天皇は、政争や疫病などによって乱れた世で荒んだ人心に希望を与えるために、この毘盧遮那仏の銅像建立を思い立ったのである。仏の偉大さを表すために仏像は大きければ大きいほどよかった。予定された大仏像の建立は当時の鋳造技術を超えた難事業であったと言われている。

聖武天皇はこの難事業を遂行するために、大仏建立の詔《みことのり》を発し、自らの威光を誇示するとともに国民に協力を呼びかけた。他方、従来は弾圧の対象としてマークしていた行基――国家による仏教の統制下で、仏教を国家守護の理念として位置づける鎮護国家政策に反旗を翻し、民衆の中で独自の宗教活動を展開していた――を僧侶の最高位である大僧正に任命して、彼を菩薩として慕う民衆の力も取り込もうとした。聖武天皇は難事業を遂行するために、いわばなりふり構わずに総力を結集しようという決意であった。

八幡神の大仏建立に関する託宣はこの難事業に対して絶好のタイミングで出されたと言ってもよい。その託宣とは、八幡神があらゆる助力を惜しまないで大仏建立を全面的に支援するという内容であった。(7)この託宣が聖武天皇を歓喜させたことは想像に難くない。

しかも、この託宣は単なる言葉だけの支援表明ではなく、具体的な裏づけを伴っていた。なぜなら前述のように、八幡神は鍛冶の神としての側面をもっていたからである。宇佐八幡宮は銅の産出地として知られる地域と密接な関係をもっていた。したがって、八幡神による支援表明は、銅の供出と高い鋳造技術に裏づけられた全面的な協力を意味していたのである。これは聖武天皇にとってみれば願ってもない助力であるし、一方の宇佐地域あるいは宇佐八幡宮にとってみれば、八幡信仰を朝廷へ進出させる好機であったと言えるであろう。

大仏は無事完成した。そして、八幡神はその完成の立役者として位置づけられることになった。記録によると、天平勝宝四年（七五二年）の大仏開眼式に出席することを八幡神自ら希望し、奈良に上京したと言われる。もっとも神が直接お出ましになるのではなく、巫女に憑依してということであろうが。朝廷はそれに応えて、八幡神に一品《いっぽん》の位を授け――「品」は通常、親王に与えられる位階で、「一品」はその最高位――、また東大寺内に手向山《たむけやま》八幡宮を創建した。このようにして、八幡信仰は朝廷との強固な関係を構築することに成功したのであった。このことはやがて八幡神の性格づけにも大きな影響を与えることになる。

託宣する神③――道鏡事件

第三に挙げる託宣は、天皇になるという道鏡の野望が失敗に終わった道鏡事件に関するものである。そもそも道鏡は日本史上でも稀有な人物と言えるであろう。なぜなら、皇室に属さない者が天皇になろうとした例は日本史上でもほんの数例を数えるしかないが、道鏡の場合、さらに出家者という特殊な条件がついているからである。そもそも出家者が政治の表舞台に立つこと自体が異常なことなのである(8)――平清盛のように権力を握った後に出家した例はこれに該当しない――。道鏡は俗姓を「弓削《ゆげ》」と言い、物部氏の一族の出身とも、物部氏の配下にあった氏族の出身とも言われている。出家して、法相宗《ほっそうしゅう》の義淵《ぎえん》に学んだと言う。しかし、学問僧というよりは、葛城山に籠もって修行し、呪術的な能力で頭角をあらわしたらしい。

奈良の仏教と言うと、「南都六宗」のように非常に学問的性格の強い仏教を予想してしまう。確かに奈良時代は正統な仏教を日本に移植する時期であり、選ばれた日本人僧侶が唐に留学して、様々な仏教教理を将来してきた。しかしその一方で、仏教が日本古来の宗教的観念と結びつく現象が生じていた。一部の僧侶は霊気に満ちた山々で修行を行い、霊力の獲得に努めた。おそらく道鏡もそのような修行を積んでいたのであろう。病気直しの霊力をもつ人物として朝廷に出入りし、ついには孝謙上皇（重祚《ちょうそ》して「称徳天皇」となる）の寵愛を獲得したのであった。

道鏡は大臣、太政大臣、法王という重職を歴任していった。法王（「法皇」とも書く）は天皇の待遇に准じた仏教の教主とされる。しかし、道鏡はこれらのポストに満足せず、子をもたない称徳天皇の後継者として天皇になりたいと望むようになったという。そこで利用しようと思いついたのが、託宣する神として知られる八幡神の存在である。折しも道鏡の弟と伝えられる弓削浄人《ゆげのきよひと》が道鏡の引き立てで大納言にまで出世し、大宰府の長官（大宰帥《そつ》）も兼任していた。おそらくこの弓削浄人の策謀と思われるが、大宰主神《かんづかさ》の職にあった中臣習宜阿曽麻呂《なかとみのすげのあそまろ》という人物が朝廷に、道鏡を天皇にすれば、国家が安泰になるという八幡神の託宣があったと報告した。朝廷はその託宣の真偽を確認するため、使者を派遣することになった。そこで選ばれたのが実直な人物として天皇の信任も篤い和気清麻呂である。彼はその託宣が偽りであると指摘し、天皇には皇室の皇子を立てるべきであるという託宣こそ真実であると報告した。(10) 報告の直後、和気清麻呂は、おそらく道鏡の怒りによって、配流の憂き目にあったが、道鏡の失脚後すぐに許され、朝廷において重きをなし、(11) 後世には神として護王神社に祀られるに至ったのである。

以上が事件の概要であるが、八幡神の存在は、その託宣が皇位の決定を左右するほどまでに、重要視されていたことが窺える。しかも、当時権力の絶頂にあった道鏡を支持せず、天皇は皇族から選ぶべきであるという正論を貫いたことは、称徳天皇の崩御後、道鏡が瞬く間に排除されてしまったことを思えば、先見の明があったとも言えるであろう。この事件を通じて、八幡神は皇室を守護する神として朝廷の確固たる信頼を獲得することに成功したのである。

八幡大菩薩の誕生

これまで見てきたように八幡神は託宣する神として知られているのであるが、この八幡神にはもう一つ大きな特色がある。それは代表的な神仏習合神ということである。そもそも神仏習合とは、日本に伝播した仏教が日本古来の宗教的観念を前提とする神祇信仰と結びついていった現象を言う。一般化して言えば、これは、ある宗教と別の宗教が接した時に起こる混交化現象であって、それ自体けっして珍しいものではない。むしろ、そういう混交化現象を経ないで、宗教が特定の地域に浸透することなど不可能であると言ってもよいであろう。仏教は日本古来の宗教的観念を受容することで日本に浸透できたし、逆に神祇信仰は仏教と結びつくことで、宗教としての実質を備えることができたと言えるのである。ただし、仏教と神祇信仰の間では通常、仏教の方が神祇信仰よりも優位な立場にあり、その結びつきは神祇信仰の神々を仏や菩薩の仮の姿（＝権現《ごんげん》）とみなす本地垂迹《ほんじすいじゃく》説という形で展開したのであった。なお神仏習合については、第五章で詳細に触れることにする。

八幡神は神仏習合神の中でも最古層に属するものと考えられている。その習合がいつ頃に始まったのか正確なところは分からないが、前述の「大自在王菩薩」云々という伝承のように、当初から菩薩と名乗っていたとは考えにくい。この伝承は八幡神のもつ神仏習合的性格をその起源にまで遡らせた付会と思われる。おそらくは仏教興隆という世の中の動きを見据えた八幡信仰の大胆な路線変更と考えられるであろう。八幡神は仏教の興隆を積極的に支援するだけでなく、自ら率先して仏教と一体になっていった。そして、朝廷によって「護国霊験威力神通大菩薩」という尊号を授けられた。その尊号は「護国のための霊験を顕わし、巨大な力で神通を発揮する偉大なる菩薩」と解釈できるであろう。通称として「八幡大菩薩」とも呼ばれた。ここに八幡大菩薩(12)が誕生する。

そもそも仏教において「菩薩」は、釈尊が仏になる以前の、悟りを求めて努力する修行者の状態を指していた。しかし、その存在は利他行や慈悲を中心的理念として掲げている大乗仏教において極限にまで理想化された。つまり、菩薩とはいつでも仏になることが可能であるにも拘わらず、この世界のすべての衆生《しゆじよう》(生命をもつもの)が成仏しない限り、あえて仏になるまいと誓った偉大な存在として位置づけられた(13)。その意味で大乗仏教においては、菩薩は仏と同等の崇拝を受けるべき存在であると言えるのである。

八幡神は託宣を通じて国難を救ってきたことから、すべての衆生を救済するためにこの世に現れた菩薩の化身とみなされた。そして、朝廷が仏教に対して期待していた鎮護国家的な役割をも吸収し、ますます国家守護神としての性格を強めてゆくのである。なお、八幡神が菩薩であるとされたことから、やがて僧侶の姿をした八幡神像が造られ、各地の八幡宮で祀られるようになった。これを「僧《そう》形《ぎよう》八幡」と言う。一般にこの僧形八幡像は、剃髪し、袈裟《けさ》を身につけ、錫杖《しやくじよう》を持って座している。見るからに僧侶でありながら、同時に神でもあるというあり方に不思議な感じを受けるが、そのことに象徴されるように、八幡神は分かちがたいほどに仏教と融合してしまうのである。

八幡神の京都進出──石清水八幡宮の創建

宇佐の地から朝廷へと介入していた八幡神はやがてその拠点を都に求めることになる。そこで創建されたのが石清水八幡宮である。石清水八幡宮の起源は、平安時代に奈良大安寺の僧である行教が宇佐八幡宮に参詣したところ、八幡神から、都近くに移って国家を守ろうという旨の託宣があったとされたことから始まる。行教は紀氏の出身であるが、前述の道鏡事件以来、宇佐八幡宮と特別な関係を築いていた和気氏と密接な関係があったと推測され、この両者に宇佐八幡宮の実権を握っていた大神氏が加わって、八幡宮を都へと進出させようと画策した、というのが実状であろう。

当初、八幡神は嵯峨天皇の離宮があった地に祀られたが、さらに男山に移すようにという託宣があった。そこで、そのことを朝廷に奏上したところ、清和天皇の勅命があり、宇佐八幡宮に準じて六宇の神殿が創建され、翌年に八幡大神、息長帯《おきながたらし》比売命、比咩大神の三神が遷座されたと言う。これが男山八幡宮である。同時に「石清水八幡宮」と呼ばれるのは、伝承によれば、男山に行教が崇敬していた石清水寺という寺院があり、それに因んでいるためとも、あるいは、その地を掘ったところ、石の間から清水が湧き出たことに由来するためとも言われている。

石清水八幡宮は成立当初から仏教の影響を強く受けている。神仏習合という現象によって神社内に寺院が建立されるようになるが──これを「神宮寺」と呼ぶ──、通常、神宮寺は神社に付随して建てられている。しかし、石清水八幡宮の場合、前述の石清水寺がある地に行教という僧が神を勧請《かんじよう》しているので、その地位が逆転している。したがって、石清水八幡宮は成立当初から寺院が主導権を握っていたのである。この石清水寺が改称されて石清水八幡宮の神宮寺である護国寺となる。

また、石清水八幡宮の運営については、事実上の創始者である行教が紀氏出身であったことから、その要職が紀氏一族に独占されることになった。すなわち、八幡宮における常時の最高責任者である別当に行教の甥の安宗《あんしゅ》、神主に同じく行教の甥の紀御豊《みとよ》が、さらに、検校《けんぎょう》には行教の弟の益信《やくしん》が任命された。なお、検校は別当以下を統括する役職であるが、平安時代までは常設のポストではなかった。別当・検校職は紀氏の出身者が独占することとなり、やがて紀氏の中でも特定の家系に世襲されることになった。(14) さらに各地の八幡宮に対する支配をも強化し、事実上、全国の八幡宮をその配下に置くまでになっていったのである。

八幡神は石清水八幡宮に遷座する以前から、応神天皇やその母神功皇后と同一視されていた。そして、現在の皇室の先祖であるということから、八幡神は皇室を守護する神としての性格をもつに至った。このような八幡信仰を背景にして石清水八幡宮は、皇祖天照大御神を祀る日本最高の神社である伊勢神宮に準じた格別の待遇を受け、八幡宮は伊勢神宮とともに「二所宗廟《そうびょう》」――つまり、日本を代表する先祖を祭る二つの社――、あるいは、伊勢神宮に次ぐ「本朝第二宗廟」と呼ばれるようになったのである。歴代の天皇、上皇が二百四十回ほど行幸、御幸したと伝えられている。石清水八幡宮に対する皇室の信仰がいかに大きかったかが窺い知れるであろう。

三　八幡信仰の多様性

八幡信仰と清和源氏——弓矢八幡の成立

この石清水八幡宮は武門の棟梁として名高い清和源氏の篤い帰依を受けた。そのことが八幡神を軍《いくさ》神《がみ》としての弓矢八幡へと変貌させるきっかけとなったのである。

ところで、「源氏」と言うと、すぐこの武門の清和源氏を連想してしまうが、元々源氏は平氏などとともに、皇族を臣下に降下させる時に与えた氏であった。通常、どの天皇の子孫であるかによって清和源氏、陽成源氏、宇多源氏、醍醐源氏、村上源氏などと区別して呼ばれている。それらの源氏の中には、宇多源氏、醍醐源氏、村上源氏などのように、主に宮廷貴族として繁栄した源氏や、一方、花山源氏のように神祇伯《じんぎ》という神道の最高地位を世襲した源氏などもある。清和源氏はこのような多種多様な源氏の一つにすぎないのである。したがって、「源氏＝武門の棟梁」というわけではない。

清和源氏は自らを皇胤《こういん》、つまり、天皇家の血を引く家柄であることを強調し、それによって在地豪族たちを引きつけてきた。この清和源氏が八幡宮に帰依したのは、前に指摘したように、八幡神が新たに獲得した二つの性格、すなわち、皇祖神としての性格と国家守護神としての性格が、皇胤であることを標榜し、かつ、軍事力によって朝廷を守る武門の棟梁を自負する源氏にとって好都合であったからと言えるであろう。それに加えて、石清水八幡宮の創建を命じたのが清和源氏の祖とされている清和天皇であったということも関係しているかもしれない。

清和源氏は源満仲の代に武門化の道を進んでゆくが、八幡宮との結びつきはその子頼信の代から始まる。この頼信は、先祖の勲功を述べ、一家の繁栄を願う「源頼信告文《こくもん》」を石清水八幡宮に奉納した。神への祈願文であるから、嘘を書くとは考えにくいが、この祈願文には、自らの先祖が陽成天皇であるという記述があり、清和源氏が実は陽成源氏であったことを示す証拠文書としても重要視されているのである。(15)

頼信の子頼義は前九年の役で活躍した武将で、石清水から八幡神を勧請して鎌倉の由比郷鶴岡（現在の材木座付近）に「鶴岡若宮(16)（由比若宮）」という八幡宮を創建した。そして、この鶴岡若宮を起点にして陸奥まで五里ごとに八幡社を創建した。これらは「五里八幡」と呼ばれている。

頼義の子義家は一世を風靡したヒーロー的な武将であり、その名声を慕って各地の豪族たちが競って土地を寄進し、あまりの人気ぶりを危険視して朝廷によって土地寄進が禁止されたほどである。この義家は石清水八幡宮で元服したので、「八幡太郎」と称した。なお、前九年の役と後三年の役の舞台になった奥州地方では、八幡信仰と関係した義家伝説も多数存在しており、「八幡平《はちまんたい》」は義家が命名したなどと伝えられている。

清和源氏は頼信から義家までの間に、関東地方を中心に勢力を拡大し、武門の棟梁として揺るぎない地位を獲得することに成功した。それとともに、清和源氏が篤く信仰してきた八幡神は従来のような皇祖神、国家守護神という性格に加えて、新たに軍神としての性格を獲得することになった。ここに「弓矢八幡」という八幡神の新側面が誕生するのである。

鶴岡八幡宮の創建とその意義

鎌倉は清和源氏にとってゆかりの深い場所である。そもそもの結びつきは、源頼義が平直方という武将の娘と婚姻し、鎌倉の山荘を贈与されたことに始まると言われている。前述のように頼義は鎌倉に八幡宮を創建した。それは康平六年（一〇六三年）のことである。八幡神が軍神として位置づけられるようになったという点からして、鎌倉に八幡宮を勧請したことは、頼義が鎌倉を武門の棟梁たる源氏の活動拠点にしようとしていたことを示すものと推測できるであろう。義家もこの方針に従いながら、その八幡宮の保護に努めた。その後は清和源氏の内紛や義家の子義親の反乱などでしばらく空白期間を置くが、義家の曾孫にあたる義朝が鎌倉を根拠として活動し、京都にいた父為義とは一線を画する形で関東武士団の組織化をはかっている。しかし、義朝は平治の乱で平清盛に敗れて討たれ、鎌倉と清和源氏の関係は一時途絶えてしまう。

それを復活させたのは、義朝の子で伊豆に配流されて二十年あまりの歳月を過ごした後、平家打倒をめざして挙兵した頼朝であった。頼朝は富士川の戦いで平維盛らを敗走させ、一挙に京都に攻め入るつもりであったが、「まずは関東の足固めを」という家臣たちの忠告を受け入れて、進軍を中止し、引き返して鎌倉に向かった。鎌倉が根拠地に選ばれたのは、そこが清和源氏にゆかりの深い場所であったということによるが、そればかりでなく、三方を山に囲まれ、残る一方が海に接しているという、いわば天然の要塞でもあったことも理由として考えられるであろう。頼朝は以後「鎌倉殿」と呼ばれて、鎌倉と清和源氏の分かちがたい関係がここに成立したのである。

頼朝は先祖頼義が創建した鶴岡若宮を治承四年（一一八〇年）に現在ある地へと移築した。一般的には、頼朝によって鶴岡八幡宮が創建されたかのように思われがちであるが、実際には、元々あったものを移したにすぎないのである。ただし、火災の被害を受けたのを契機にして、上宮《じょうぐう》と下宮《げぐう》という同じ型式の二つの宮からなる現在のような体裁に改築させている。

おそらく頼朝には鎌倉を京都に対抗しうるような武家の中心地として位置づけようという構想があったのであろう。そのために、軍神であり、同時に清和源氏の先祖代々が信仰してきた氏神とも言うべき八幡神をその中心地に祀ろうとしたのである。

前述のように、鶴岡八幡宮は元々石清水八幡宮から分かれて誕生したのであるが、石清水八幡宮が都の近く鎮座し、国家守護神的な性格を強くもっているのに対して、鶴岡八幡宮はその成立の当初から、武家の棟梁によって勧請された軍神的な傾向が顕著な神として位置づけられていると指摘することができるであろう。

鎌倉の中心地に八幡神を祀った神社が鎮座し、そこからメインストリートである若宮大路が三の鳥居、二の鳥居、一の鳥居を経て南へ伸び、由比ヶ浜へと続くという、現在もなお鎌倉を代表する雄大な景観は、清和源氏を頂点とした――ただし、清和源氏の将軍はわずか三代で滅んでしまったが――武家政治の到来を象徴しているように思われるのである。

筥崎八幡宮と「敵国降伏」

日本全国に多くの八幡宮が存在しているが、その中でも筥崎八幡宮(17)は宇佐八幡宮、石清水八幡宮と並んで日本三大八幡宮の一つに数えられる代表的な八幡神社として知られている。祭神は応神天皇、神功皇后、玉依姫命（神武天皇の母）である。

その筥崎八幡宮の創建年については諸説があって、あまりはっきりしないが、記録によると、延喜二十一年（九二一年）に宇佐の八幡神による託宣があり、醍醐天皇がその託宣に従って、大分《だいぶ》八幡宮から祭神を遷座したと言う。大分八幡宮は福岡県にあり、九州の蚊田の里(18)で生まれた誉田別命（すなわち、後の応神天皇）が初めて産湯に浸かった場所に由来しているとも、また、筥崎八幡宮の「筥崎」という地名は応神天皇を包んでいた御胞衣《みえな》(19)を筥に入れて埋めた地が筥崎と呼ばれるようになったことに由来しているとも伝えられている。

それはともかくとして、玄界灘に臨み、外国にも近い九州北西部は国防上重要な拠点であった。おそらくそのような理由があって、朝廷主導のもとに、国家守護の役割を帯びた神社として筥崎八幡宮が創建されたものと考えられる。

これに関連することとして、筥崎八幡宮には古くから、敵国が日本を侵略することの失敗を願って書かれた「敵国降伏《ごうぶく》」という御宸筆《ごしんぴつ》が奉納されている。御宸筆とは天皇（退位後の上皇も含むことがある）の直筆という意味である。記録によると、その御宸筆でもっとも古いものとしては、前述した筥崎八幡宮の創建者である醍醐天皇の御宸筆が伝えられており、その他の天皇たちも御宸筆を奉納したという記録が残されている。

この中でも特に知られているのが亀山上皇の御宸筆である。亀山上皇の在世期間は元軍による日本侵略の時期と重なっており、天皇の位を降りて、上皇となった文永十一年（一二七四年）に文永の役が起こった。元軍は対馬を攻略した後、九州北西部に侵出するが、その際の攻撃によって筥崎八幡宮は焼失してしまう。しかし、突然起こった暴風によって、船団が大破し、元軍は壊滅状態に陥ったと伝えられている。焼失した筥崎八幡宮はやがて再建されるが、その再建の折りに亀山上皇は「敵国降伏」の御宸筆を奉納した。その後の弘安四年（一二八一年）に弘安の役が起こり、再び元軍が襲来するが、このときも暴風が吹き、危機は救われた。

日本に勝利をもたらした暴風はやがて神意による「神風」[20]とみなされ、敵国降伏を願った亀山上皇も国難を救った英雄として讃えられるに至ったのである。亀山上皇の御宸筆は後に拡大複写され、筥崎八幡宮の伏敵《ふくてき》門に掲げられている。

ところで、第二節でも触れたように、八幡宮は自らの託宣によって、生き物の生命を尊び、自然に返してあげる放生会という儀式と深く結びついてきた。筥崎八幡宮も同様であり、そこで開催される放生会（この場合、「ほうじょうや」と読ませる）は千年以上もの長い伝統をもっている。その行事は民衆に広く受け入れられ、博多三大祭りの一つにも数えられている。

八幡信仰の民衆化

鎌倉幕府の成立以降、室町幕府、戦国時代、江戸幕府というように、六百年以上の長い期間にわたって武士が主導権を握る時代が続いてきた。清和源氏による帰依によって、軍神として信仰を集めていた八幡信仰はこの武士の世のもとで繁栄を極め、全国の至る所に八幡宮が創建されるようになったのである。

前述のように、その八幡宮の数は一万四千社とも、四万社とも言われ、日本の神社の三分の一を占めていると推定されている。八幡信仰は、生活に密着する現世利益《げんせりやく》神として民衆の信仰を広く集めた稲荷信仰に迫るほどに拡大していったのである。

八幡宮が全国各地に広がってゆくにつれて、これまで国家守護神や軍神などとして、為政者や武士などといった特定の階層を中心に信仰されていた八幡宮は民衆の中にも浸透してゆくことになった。八幡信仰の民衆化という現象である。それにともない、民衆がこれまで信仰してきた様々な神と八幡神が習合するようになった。たとえば、日本全国に「若宮」という名の八幡宮が多くあるが、これは、非業の死を遂げた人の荒ぶる霊魂を昇華させた御霊《ごりょう》（御霊については第四章で改めて扱う）が、八幡神の基本的性格の一つである母子神と結びついたものと思われる。(21) すなわち、荒ぶる霊魂を、親神を手こずらせる子神になぞらえたのである。

このように八幡神は全国各地で定着するようになり、やがてそれぞれの地域における産土神《うぶすながみ》の性格を帯びるようになる。産土神とは端的に言えば、土地の守護神のことであり、特定の氏族と結びつく氏神と対比されるものである。(22) 八幡神は国家守護だけでなく、各地の村落の安寧をはかる鎮守神となっていったのである。

一方、この八幡神に皇祖神である天照大御神と藤原氏の氏神である春日大明神を加え、その三神が各々与えた託宣を信仰の対象とする営みが室町時代頃から広まった。これを「三社託宣」と言う。これはそれ以前にあった別個の託宣を一つにまとめたものであろう。このうちの天照大御神の託宣は、正直者にこそご加護があるという正直に関するもの、八幡神の託宣は、不浄なものには近づくべきではないという清浄《しょうじょう》に関するもの、春日大明神の託宣は、慈悲の心をもつべきであるという慈悲に関するものである。この三社託宣に因んで、中央に天照大御神、その両脇に八幡大菩薩、春日大明神の神名あるいは神像を配置した掛け軸を飾ることが行われてきた。正直、清浄、慈悲という徳目の強調は日本人の基本的な倫理観の形成に大きな影響を与えてきたと言えるであろう。

以上のように、宇佐に端を発する八幡神は、日本の歴史とともに、皇祖神、国家守護神、託宣する神、神仏習合神、軍神などとして、常に新しい性格を生み出してゆき、やがて民衆に深く根づいた。そして、日本における代表的な神として信仰されてきた。その意味で、八幡信仰はそのまま日本の宗教史を映す鏡であるとも言えるであろう。

第三章　『霊異記』にみる因果応報の観念

一　因果応報とは何か

日本人にとっての因果応報

因果応報とは何か。それは原因と結果が呼応関係にあるということを意味している。つまり、今ある結果には必ずそれを招いた原因があるという考え方である。もっとも、この場合の原因と結果は物理現象におけるような因果関係とは明確に区別されるべきであろう。なぜなら、因果応報における原因とは人間――輪廻転生して動物の場合もありうるが――の行為を、そして、結果とは人間に向けられる果報を指しているからである。因果応報はすぐれて人間的な、人間の行為に関わる原理と言えるのである。

この因果応報は一つの法則性を前提としている。すなわち、善い行いが望ましい結果を生み出し、悪い行いが望ましくない結果をもたらすというように、原因と結果は常に同じ性質のもの同士が呼応し合っていると考えられているのである。したがって、善い行いをしたのに地獄に堕ちたとか、悪い行いをしたのに来世で王として生まれたというように、原因と結果が異なる性質の場合、けっして「因果応報」とは言われないであろう。善人なのに不幸であるとか、悪人なのに幸福であるということが日常世界において経験されなくもないが、それはあくまでも不条理なのであって、因果応報の法則性に合致するものではない。因果応報はこのような不条理なケースに対しては、善人なのに不幸であった者は来世で永遠の幸福を獲得したとか、悪人なのに幸福であった者は来世で地獄の責め苦を受けたというように、その法則性を貫徹しようとするであろう(1)。

この因果応報という観念は、自らを取り巻く現実世界の状況を受容するための手だてとして、古代の昔から日本人の心を捉えてきた。この世界で織りなされる幸福な出来事と不幸な出来事のすべてを因果応報という原理によって理解することで、人々はこの現実のあり方をそれなりに納得し、受容しようとしてきたのである。

しかも、この発想はけっして過去の遺物としてそう簡単に葬りさられるとはかぎらない。現代においてもこの発想はある程度有効であるかもしれないからである。身内に不幸が度重なったり、やることなすことがすべて失敗に終わったりする場合、それを単なる偶然の集積として割り切って考えることのできる日本人が、実際のところ、どれだけいるであろうか。大抵の人間はそれらを「ついていない」――この「つき」という発想も宗教学的には十分注目に値するものであるが(2)――という形で納得しようとするであろうし、それがエスカレートした場合、「日頃の行いが悪いからこんなことになるのか」とか「何かの祟りではないか」と考えてしまうこともありうるであろう。そのような事例は意外と、わたしたちの身近によく存在しているように思われる。

たしかに、「因果応報」という観念はわたしたちの理性的認識に耐えうるようなものではもはやありえないであろう。しかし、実体がないにもかかわらず、いわば、わたしたちの背後に常に漂っていて、何かの間隙《かんげき》を衝いてすっと出てきて、いつの間にかわたしたちの心を捉えてしまう――そのような可能性は完全には否定できないように思われる。

インドの宗教思想における因果応報

そもそも因果応報という観念は日本に伝播した仏教を通じてもたらされた。しかし、その起源をさらに遡ると、仏教を生み出したインドの宗教思想にまでたどることができる。

インドでは、今から二千五百年前を中心にその前後数百年にわたって、「ウパニシャッド」と呼ばれる一群の宗教聖典が編纂された。(3) ウパニシャッドはそれに先行する、神への讃歌、歌詠、祭詞、呪句など多種多様な内容を含むヴェーダ聖典群の記述を前提としながら、世界や人間について哲学的な考察を加えた集大成と言えるものである。このウパニシャッドにおいては、それ以降のインドの宗教思想を決定的に方向づけるような認識の枠組みが確立されたと言っても過言ではない。その認識の枠組みとは輪廻（サンサーラ）と業（カルマン）に関する教説である。

ウパニシャッドに登場する哲人たちが教えるところでは、人間は自らが作り出す業によって永遠に生成と死滅を繰り返すと言う。肉体は死とともに消滅するが、生命の本体であるアートマンは永久不変であり、それはやがて新しい肉体を伴ってこの世界に再生する。繰り返される生と死の世界はさながら踊り子の舞台と同様であり、一つの衣装をまとって舞台に現れた踊り子が踊り終えて楽屋に戻り、新しい衣装を来て再び舞台に現れてくるように、アートマンも肉体という衣装を何度もまといながら、この世界にその姿を現すと考えられたのである。これが輪廻の教説である。

この輪廻の教説について誰もが抱く最大の関心事は「この世界にどのような形態で再生するのか」ということであろう。ウパニシャッドでは、善い業を積み重ねた者は望ましい形態で、悪い業を積み重ねた者は望ましくない形態でこの世界に再生するとされた。これが業に関する教説である。この考え方は本章の主題である因果応報という発想そのものにほかならない。

また、死後から再生までのプロセスも具体的に考えられ、死後、①月に入り、②雨となり、③地に降りて食物となり、④精子となり、⑤母胎に入って再生する、という説が唱えられ（五火説）、同時に、宇宙の主宰原理であるブラフマンに到達し、もはや再生しないという「神道《しんどう》」と、月の世界に行って後、再生するという「祖道」の二つの経路が想定されるに至った（二道説）[4]。前者の神道は輪廻的な世界の超越を意味している。インドではこれを「解脱」（モークシャ）と呼び、やがて宗教における究極的な目標とみなすようになった。

ウパニシャッドは行為とその結果の関係を輪廻と業という二つの教説で体系化することによって、輪廻からの解脱、あるいは、より望ましい再生を実現するために善い行いを実践しなければならないという宗教的規範を形成させていったのである。インド最大の宗教であるヒンドゥー教では、来世でのよりよい生を願って、神々に信仰を捧げ、民族宗教として長い歴史を誇るジャイナ教では、業を物質的に捉え、悪い業によってアートマンに微細な物質が付着しないように——その付着は悪しき輪廻の原因になると考えられている——努めた[5]。さらに、インドで生まれた仏教においても、輪廻と業の教説は中心的なテーマとして捉えられてきたのである。

仏教と因果応報

仏教の創始者である釈尊は、アーリア人がインド侵入以来保持してきた身分差別的な制度[6]によって人間に貴賤の区別をつけるような発想を批判して、それを自らが構成した「サンガ」と呼ばれる宗教共同体の中に持ち込まないようにした。釈尊によれば、人の貴賤は生まれによってではなく、自らの行いによってのみ決定されるのである。したがって、身体的な行動（身業）や発言（口業《くごう》）や心に思うこと（意業）を制御して、最善の行いをするように努めようとした。釈尊は自らを「業論者」と称したと言われている。この創始者の基本的な主張を承けて、仏教では業の問題を重視してきたのである。

仏教では業に関して様々な考え方が提唱されてきたが、因果応報と特に密接な関係にあるのは異熟因と異熟果の二つからなる因果関係である。この「異熟」とは成熟することであり、つまり、自らがした行為があたかも種子のように潜勢力として持続し、それがやがて成熟して何らかの結果を生み出すという考え方である。これを現世と来世という二つの世界で考えるならば、現世で行ったことがそのまま来世で結果になって現れてくるという発想にもなるだろうし、また、たとえば一度悪事を行うと、その影響でその後も癖になって悪事を繰り返すことがあるように、現世内でも異熟因と異熟果の関係は成り立ちうる。

この異熟因・異熟果の因果関係には一定の法則性がある。それは原因と結果に明確な対応関係があるということである。これを「善因楽果」「悪因苦果」と言う。善行によって望ましい結果が、悪行によって望ましくない結果が生み出されるのである。ところで、「善因善果」「悪因悪果」、すなわち、善行によって善い結果が、悪行によって悪い結果が生み出されるとも言うことがあるが、これは厳密には正しくない。仏教では「異熟無記」(7)と言って、生み出された結果そのものを善悪には分類しない。不幸な生い立ちはたしかに望ましくない結果であるが、けっして悪い結果ではない。善悪とは自らがなすものであり、それだからこそ、自らの行為を正すことによって、いかなる状況においても自己向上の可能性が開けてくるのである。

ところで、業の問題を重視していたとは言え、仏教は元来、輪廻説を前提にして望ましい来世への再生を積極的に説いていたわけではなかった。仏教の本来の目的は、あらゆる生成と消滅を超越した、そして、場合によっては死にさえ擬せられるニルヴァーナ（涅槃《ねはん》）の獲得にあるのであって、この世的な幸福を求めることではなかったからである。

だが、そのようないわば高度な宗教的理想を追求できるのはごく限られた出家者のみであったし、かりに在家信者にそのようなニルヴァーナの獲得が可能であったとしても、はたして彼らがそれを本当に望むと言い切れるかどうかは大いに疑問である。もし今、「二度と生まれてこないこと」と「再び生まれてくること」とのどちらを選ぶかと質問したならば、大多数の人間は後者を選ぶのではないだろうか。だからこそ、人々は望ましい来世を強く願ってきたのである。

二　『霊異記』について

著者の景戒

『霊異記《りょういき》』の著者は序文で自分を「諾楽《なら》右京薬師寺沙門景戒《きょうかい》（「けいかい」とも読む）」と記しているが、この景戒については『霊異記』を著したこと以外にはっきりしたことが分かっていない。したがって、『霊異記』の記述そのものを手がかりにして、その人物像を推測せざるをえないであろう。以下では景戒について指摘できる点を挙げておこう。

まず第一は、序文にあるように景戒が薬師寺と何らかの密接な関係をもっていたと考えられる点である。周知のように、薬師寺は法相宗《ほっそうしゅう》の寺院で、南都七大寺の一つに数えられる屈指の大寺院である。それに関係しているということは僧としてもある程度信頼できる人物であったと推測される。しかし、景戒の薬師寺における具体的な役割は明確ではなく、薬師寺に止住した行基大僧正を賞賛したこと以外に『霊異記』の説話に薬師寺のことは反映していない。また、下巻の第三十八話によると、自分の家を所持し、そこに住んでいることが記されており、薬師寺には止住していなかったと推測される。

第二に、これも序文にあるように「沙門」と言う以上、景戒が僧であったことは疑いえないが、自度僧であった可能性も考えられる点である。自度僧とは「私度僧」とも呼ばれ、正規の手続きを経ないで僧となった者を指す。当時正規の手続きを経て僧になるには国家と仏教教団の承認を必要としていた(8)。ところが、このような手続きを経ず、自分で勝手に僧となり、布施を受けて読経などの宗教活動をしていた人々が存在していた。『霊異記』で描かれる僧はかなりの割合で自度僧であり、しかも、景戒は「たとえ自度僧であったとしても、僧を粗末に扱うならばたちまち厳しい報いを受けるであろう」と、自度僧を弁護している。また、前述の下巻の第三十八話には、彼に妻子があり、家畜などの財産も所持していたことが記されている。このような生活形態は出家者には通常ありえないであろうから、景戒自身も自度僧である可能性が高いと考えられるのである。

しかし、自度僧であったとすれば、薬師寺のような大寺院の僧であると名乗り、しかも伝灯住位(9)という僧位さえもっていた点との整合性が問題になるであろう。その点に関してわたしは、自度僧と正規の仏教教団との間に互助的な関係があったのではないかと推測している。自度僧は宗教活動を行うための身元保証という便宜を得て、仏教教団はその見返りとしては自度僧から経済的な支援を得るという関係である。

第三は紀伊国(現在の和歌山県)名草郡に地縁があると考えられる点である。『霊異記』の説話中で二十話以上の説話がこの名草郡を舞台にしており、景戒自身がかつてそこに住んでいたか(生誕地ではないかと推測する説もある）、あるいは住んでいなかったにしても、その地域の情報を継続的に入手できるような人脈があったと推測されるのである。

第四は在世年代である。下巻の序文が書かれたのが延暦六年（七八七年）と示されており、かつ、『霊異記』の最新記事が嵯峨天皇の在位期間（大同四年（八〇九年）―弘仁十四年（八二三年））である点を考慮すると、奈良時代から平安時代前期までと想定できるであろう。

著述の意図

前述のように、もしかすると景戒は正規の僧ではなかったのかもしれない。しかしそれにも拘わらず、彼の仏教に対する信仰の強さや仏教の教えを何としても人々に伝道したいとする情熱の強さは、『霊異記』各巻の序文や数々の説話中から十分読みとることができるであろう。景戒がこの『霊異記』でもっとも伝えたかったことは、善い行いが望ましい果報を生み、悪い行いが望ましくない果報を生むという因果応報の道理である。実際に起こった出来事を描写することによって、この道理を目の当たりに示し、善行を実践する手だてとして仏教信仰へと誘う――これが『霊異記』を著述した意図と言ってよいであろう。

もっとも、実際に起こった出来事を描写することによって、因果応報の道理を目の当たりに示すという著述の構想自体は、必ずしも景戒独自のものとは言えない。なぜなら、景戒自身が指摘するように、唐にはすでに『冥報記《みょうほうき》』や『般若験記《はんにゃげんき》』(10)などといった、いわゆる「霊験譚《れいげんたん》」を集めた書物が多く存在しているからである。

景戒の著した『霊異記』に独自性をあえて認めようとするならば、外国の霊験譚をそのまま受け入れるのではなく、日本で起きた「霊異」——すなわち、不可思議な出来事——にのみ対象を限定することで、日本でも因果応報を如実に示すような出来事があったことを強調しようとした点に求めることができるのではないだろうか。

外国のものをその善し悪しも分からずに何でも崇めようとしたり、外国の実例を挙げることによって、自らの行動の正当性を示そうとしたりする奇妙な発想——もっともその反動として、外国のものを何でも排除するというのも同程度に奇妙な発想であるが——が長く日本人に根づいているように思われる。景戒の在世当時も、霊異について、人々は外国の霊験譚のみを信じ恐れ、自国でも同様の出来事があることを顧みようとはしなかったらしい。景戒にとってそれは我慢ならないことだったのであろう。彼は日本の霊験譚にこだわり続けたのであった。従来の研究では、『霊異記』で帰化人系の人物が多く登場し、賞賛されていることから、景戒を帰化人の末裔ではないかと推定する説もあるが、帰化人の末裔がはたしてこういう意識をもつであろうか。

それはともかくとして、「坎井《かんせい》の識、久しく太方に迷う」（知識は小さな井戸の中の蛙のように狭く、長い間、様々なことに迷っている）と述べ、狭い視野しかもっていないと自嘲する景戒という人物は、「外国依存症」とでも言うべき、現代の日本人にも通底するような問題を提起して、それを克服しようと試みていると言えなくもない。その意味で、実際には一貫した主張をもった、スケールの大きな人物のように思われてならない。『霊異記』の正式名称は『日本国現報善悪霊異記《げんぽうぜんなく》』と言うが、この「日本国」という表現には、以上のような日本に見出される独自性を追求しようとする景戒の意図を読みとることが可能であろう。

「現報」――『霊異記』の中心概念

『霊異記』にはもう一つの特色が指摘できる。「現報」という発想である。そもそも『日本国現報善悪霊異記』という書題は「日本で起こった現報による善悪の不可思議な出来事についての記録」と解釈されるであろう。ここで出てくる「現報」という概念は『霊異記』の中心概念と言える。上巻、中巻、下巻の合計百十六話の中で十六話がそのタイトルに「現報」という表現をもち、さらに「現に悪報」「現に悪死の報」「現に……を得し」「現に……を示し」などといった類似表現をそれらに加えればその三倍以上の数となる。しかも、上巻の第三十四話や中巻の第四十二話のように、たとえこれらの表現がタイトルに出てこなくても、その話が「現報」に関係している場合も多いのである。

そもそも「現報」とは何かというと、仏教の因果応報説を前提とした考え方である。仏教の基本文献である『倶舎論《くしゃ》』(11)では、業を（一）現世で結果をもたらす順現法受業、（二）次世、すなわち、死んだ後の世界で結果をもたらす順次生《しょう》受業、（三）三世、すなわち、次世の次の世以降で結果をもたらす順後次受業に区別する。個々の名称が微妙に異なることもあるが、仏教では結果をもたらす業をこのように三種類に区別し、それらの業によって引き起こされた報いを各々「現報」（順現報）、「生報」（順生報）、「後報」（順後報）と呼んでいる。つまり、「現報」とは自らの行いの報いが生きている間に現れることを意味しているのである。

『霊異記』はこの「現報」という発想を中心的なテーマに据えようとする。景戒が『霊異記』執筆の際に参考にしたと思われる前述の『冥報記』は、冥界での報いを強調して、因果応報の道理を説いており、『霊異記』も同様に冥界説話を多く取り上げているが、決定的に違うのは『霊異記』の冥界説話がことごとく蘇生と結びつけられている点である。つまり、『霊異記』では、ある人が死んで冥界に行き、冥界で自らの行為の報いを目の当たりにして蘇生するという形をとっている。これは死後の世界が説かれていても、自らの報いを現世で思い知らされるという点で「生報」や「後報」ではなく「現報」なのである。現報と無関係な話も含まれているので、必ずしもすべてとは言い切れないけれども、景戒が「現報」に注目して『霊異記』を執筆しようとしたことは明らかであろう。

ではなぜそのような視点から執筆したのかという理由については、各巻の序文の記述を考慮すると、次のように考えられるであろう。すなわち、悪い行いをすると来世で望ましくない果報を受けるという考え方は来世の存在性がリアルに感じられていた古代日本で十分意義をもっていたであろう。しかしそうは言っても、来世は現世とは異質な、いわば死んでみないと分からない未知の世界であり、その意味で、来世との関わりで因果応報の道理を説くことは説得力という点で不十分であろう。景戒は来世での報いではなく、行いをした者が生きている現世でそのまま跳ね返ってくるという現報に重点を置くことで、人々に因果応報の道理を目の当たりにさせようとしたと考えられるのである。そして、それを目の当たりにした以上、人々は仏教の教えの正しさを認めざるをえず、自らの行いをたちどころに正すにちがいないと期待したのであろう。

三　テーマ別に見た説話

五種のテーマ

『霊異記』には上巻、中巻、下巻を合わせて百十六の説話が収録されている。その説話の大半が前述のように「現報」という中心概念によって貫かれているのであるが、それらの説話を具体的に検討してゆくと、内容的にいくつかのパターンに分類することができる。本節では五種のテーマに基づいて説話を分類し、順次考察してゆくことにしたい。五種のテーマとは（一）善行の報い、（二）悪行の報い、（三）冥界往還、（四）輪廻、（五）歴史的人物の登場である。この内、（一）と（二）については、さらに一般的なものと仏教に関するものに細分化することもできるであろう。

なお、この五種のテーマにそのまま含ませることのできない説話もあり、それらの中には「現報」や因果応報の道理とさえ結びつかない場合もある。ここではそのような例外的な説話群を五種のテーマとは別に「その他」に分類しておく。

さて、五種のテーマに従って説話を分類するとつぎのようになるであろう。説話によっては複数のテーマに重複して分類されているものもある（［上］は上巻、［中］は中巻、［下］は下巻を表す）。

（一）　善行の報い

①一般的な善行　［上］三、十二―十三、二十五［中］二十四―二十五［下］二十七

②仏教帰依の善行　［上］五―九、十四、十七―十八、二十二、二十六、二十八、三十―三十五［中］四―六、八、十二、十四―十六、十九―二十一、二十七―二十八、三十一、三十四、四十二［下］一、三―四、六―九、十一―十三、十六、二十―二十三、二十五、三十、三十二、三十四―三十五、三十七、三十九

（二）　悪行の報い

①一般的な悪行　［上］十―十一、十六、二十一、二十三―二十四、三十［中］三、五、十―十一、十五、三十三、三十八、四十［下］二、十六、二十二、二十六、三十五、三十七

②仏教迫害の悪行　［上］五、十五、十九―二十、二十七、二十九［中］一、七、九、十一、十八、二十二―二十三、三十二、三十五、四十［下］五、十四―十五、十八―二十、二十三―二十四、二十六、二十九、三十三、三十六

（三）　冥界往還　［上］五、三十［中］五、七、十六、十九［下］九、二十二―二十三、二十六、三十五、三十七

（四）　輪廻　［上］十、十八、二十［中］九、十五、三十、三十二、三十八、四十一［下］二、二十四、二十六、三十九

（五）　歴史的人物の登場　［上］四―五、二十八［中］一、七、二十九―三十、四十［下］三十六

その他　［上］一―二［中］二、十三、十七、二十六、三十六―三十七、三十九［下］十、十七、二十八、三十一、三十八

テーマ①――善行の報い

第一のテーマは善行の報いを主題とするものである。前述のように善行は一般的な善行と仏教帰依の善行に区別することができるが、一般的な善行というのは、苦しんでいる者を助けたり、志を高くもって生きたりするなどといったものである。現報を目の当たりにさせて仏教帰依へと誘うという『霊異記』の性格上、仏教帰依の善行の説話が圧倒的に多い。帰依の対象は「仏」「法」「僧」という三宝《さんぼう》に区別して考えることができるが、『霊異記』の記述は、「仏」――それに準ずる菩薩をもここでは含める――への帰依と「法」を説き記した経典への帰依に関する説話が大部分を占めている。[12]

「仏」への帰依では、釈迦仏、薬師仏、観音菩薩、弥勒《みろく》菩薩、妙見菩薩、執金剛神《しつこんごう》[13]などが対象となっており、その中でも観音菩薩に関する説話が多い。それらの仏や菩薩に帰依することにより、危機的状況を救われた（上巻の第六話など）、金銭を与えられ、幸福になった（中巻の第二十八話など）、病気が

治った（下巻の第十一話など）といった現世利益《げんせりやく》的な報いが説かれている。

一方、「法」への帰依では、『般若心経』『金剛般若経』『法華経』『薬師経』などの経典が帰依の対象として言及されている。中でも『法華経』が他を圧倒しており、元々『法華経』の一部で、独立経典として流布した『観音経』をも含めれば、『霊異記』における経典への帰依の大半は『法華経』が占めていることになる。観音菩薩による衆生救済は善行の報いを説く上でもっともふさわしかったのであろう。経典への帰依とは、経典を暗唱したり、写経したり、あるいは僧を供養して経典を読んでもらうことであり、それによって、娘の命を救うことができた（中巻の第二十話）、鉱山の坑道に閉じこめられた人が突然現れた僧によって助けられた（下巻の第十三話）、あくどい商売をして地獄に堕ちた者が生還したこと（下巻の第二十二話）などの様々な報いが説かれている。

また、三宝のどれに該当するか判断しかねるが、放生行《ほうじようぎよう》が推奨されている点も注目される。これは仏教の行為規範の中心をなす五戒の一つ不殺生戒に基づく行為で、生き物を殺さないで自然に帰してあげる行いである。現代のようにそれを動物愛護の精神と言ってしまえば、仏教と何の関係もなくなってしまうが、当時は仏教帰依に基づいて行われていたと考えてよい。『霊異記』では殺されかけていた亀、蛙などの生き物を買い取って海に放してあげた結果、その生き物あるいはその生き物の化身に助けられた（上巻の第七話など）という説話がかなり取り上げられている。景戒はもっとも容易に行うことのできる善行としてこの放生行を奨励したと考えられる。(14)

ところで、仏教は本来、仏（悟った者）になることを目的としているのであるから、仏教帰依による最高の報いは真理を獲得して、仏になることであろう。しかし、『霊異記』の場合、仏教帰依の善行による報いと言っても、長寿を保つ、病気が治る、危機的状況を脱する、裕福になるなどの現世利益的な性格が強い。極端な場合「お金とお米と美しい女性がほしい」（上巻の第三十一話）などといった自己の欲望を丸出しの望みさえ叶えられることになっている。これはおそらく景戒の説く話が民衆に向けられているからなのであろうが、ごく一部の高僧の場合は除いて、真理の獲得は関心事となっていないのである。

テーマ②——悪行の報い

第二のテーマは悪行の報いを主題とするものである。善行の報いの場合と同様、悪行にも一般的な悪行と仏教迫害の悪行という二つを区別することができるが、関連する説話の数という点からすれば、後者の方が前者よりも若干多い。

一般的な悪行とは、借りたものを返さないこと、金銭に関わる強欲さ、邪な性的交渉、他者への悪口、親や年長者を敬わず粗末に扱うこと、人民への悪政、動物の殺生など、多種多様な内容を含んでいるが、そのなかでも動物の殺生による報いの説話がもっとも多い。たとえば、馬に重荷を乗せて酷使し、動けなくなったら殺すということを繰り返していた男が、馬が苦しんで目から涙を流したことに呼応するかのように、釜の湯気で目を煮られてしまった話（上巻の第二十一話）や、日頃、鳥の卵を見つけては食べていた男が謎の兵士によって火の中に押し込められて死んだ話（中巻の第十話）などが取り上げられている。

仏教に関わる悪行も多種多様であるが、善行の場合と同様にこれを「仏」「法」「僧」の三宝に分けて紹介してみよう。

まず「仏」に関しては仏像の廃棄や破壊あるいは略奪などが挙げられる。子供たちが供養の真似事をして刻んだ仏像を嘲って、斧で切り捨てた男がその直後に突然死した話が紹介されている(下巻の第二十九話)、また仏像が盗まれたという説話の場合、その仏像が起こす奇跡によって盗んだ犯人が暴かれるという結末になっていることが多い(中巻の第二十二話など)。

「法」に関する悪行としては、経典に帰依し、それを護持している者を侮蔑する場合がこれに含まれるであろう。『法華経』を常日頃唱えていた人を侮り、その口まねをして戯れていた者の口がひん曲がってしまった話(上巻の第十九話)や『千手経』[15]の呪文を唱えていた修行者を不審者と決めつけ自分の家に連行しようとしたところ、突然空中に吹き上げられ、無惨なバラバラ死体になって地上に落ちてきたという話(下巻の第十四話)が目を引くであろう。

最後の「僧」に関するものが説話数としては多い。しかも、これに僧の活動の場である寺院をも含めるならば、その数はさらに増えるであろう。『霊異記』では、みすぼらしいなりをした僧を侮って危害を加えた結果、報いとして無惨な死に至ったという話が多く出てくる。この場合の僧はほとんどが自度僧と考えられるが、作者景戒はみすぼらしいなりをした自度僧であってもけっして粗末に扱ってはならない点を強調している。そう考える理由は、その中に本物の聖者が姿を隠している場合がある（たとえば中巻の第一話）、あるいは、どんな人間が行うのであっても、そこで行われる仏教の営為そのものは真実であるという確信によるものである。前述した、子供が真似事で作った仏像も実は仏そのものなのである。

ただし景戒は、仏教への悪行の報いについてかなり考えをエスカレートさせており、『涅槃経』の記述に基づいて、三宝を敬わない者の殺害さえ正当化するに至っている（中巻の第二十二話）。

テーマ③——冥界往還

第三のテーマは冥界往還に関するものである。「冥界」という表現は『霊異記』の中でも使用されているもので、同様の表現として「極楽国」「黄泉国」「閻羅《えんら》王の闕《みかど》」(16)なども使用されている。これらの表現から理解されるように、端的に言えば、「冥界」とは死後の審判を前提にして成り立つ極楽と地獄のことを意味している。

さて『霊異記』に出てくる冥界往還に関する説話については、次のような三点を特色として指摘することができるであろう。

まず第一は冥界の意義についてである。冥界にはそこを支配する閻羅王の住む金色に輝く楼閣がある。死者はこの閻羅王のもとに呼び出され、その罪状を具に調べられ、極楽に行くか地獄に行くかの宣告を下される。これはわたしたちがよく知っている閻魔大王による死者の審判のことである。このように、冥界は死者の生前の行いを明らかにし、その報いを受けさせる場として意義づけられていると指摘することができるであろう。

これに関連して興味深い説話としては、『法華経』を書写した功徳と悪行の数々を相殺しようとしたが、『法華経』全六万九千三百八十四字を割り当てても、犯した罪の数の方が多かったなどという記述があり（下巻の第三十七話）、審判はあたかも金銭の収支決算のような感覚で捉えられている。また、悪人が地獄で受ける苦しみも、その人を救おうと他の人が写経などの供養を行えば軽減されることが可能であるとされている（上巻の第三十話）。

第二はすべての冥界話が蘇生を伴っているということである。「往還」の「還」の字が示しているように、『霊異記』の冥界話は冥界に行ったきりになってしまうのではなく、必ずこの世に帰ってきて、冥界の様子をありありと人々に語るという構成をとっている。もっとも、冥界話というのはそれを実際に経験した者がいなければ成り立たないのだから、当然のことではある。

さらに当然のことであるが、この蘇生という現象を成り立たせるためには、死者の肉体がそのままの状態で保存されていることが必要であろう。さもなければ、霊魂は帰る場所がなくなってしまうからである。『霊異記』では、重病で死に臨んだ人が突然「死後十九日間まで遺体をそのままにして、火葬しないでほしい」（中巻の第五話）とか、木から落ちて死んだ人間の魂を占いする者に憑依させると「わたしの体を焼いてはいけない。七日間そのままにしてほしい」（中巻の第十六話）などと指示している場合が多い。若干の不自然さを感じさせないわけではないが、『霊異記』における冥界説話の基本的なパターンとして理解することができるであろう。

第三は蘇生した者に関する記述が非常に具体的ということである。たとえば、その極端な話として上巻の第五話の大部屋栖野古《おおとものやすのこ》の話や下巻の第二十六話の田中真人広虫女《まひとひろむしめ》の話などが挙げられるであろう。これらの話では、姓名はもとより、死に至った年月日や場所、何日後に蘇生したのかなどが、あたかも実際に見聞したかのように克明に記されている。このような記述はおそらく説話にリアルさを与えるためのものと思われる。

テーマ④——輪廻

輪廻とは、霊魂が肉体の死後も存続し、新たな肉体を伴って再び生を獲得することを意味する。死者が蘇生する事例はたとえば『古事記』の大国主神などにも見いだされるが、死者の霊魂が別の肉体を伴って現れてくるという発想は一時的な憑依現象を除けば日本に本来ないもののようである。第一節で述べたように、輪廻はインドのウパニシャッド文献が説いてきたものであり、それが仏教の中に取り込まれ、そのまま日本に伝来してきたと考えてよいであろう。

仏教ではよく「六道輪廻」ということが言われる。これは輪廻によって織りなされる世界を記述したもので、地獄、餓鬼、畜生、阿修羅（修羅）、人間、天という六種類の世界によって成り立っているとされる。餓鬼は死後に供養を受けられなかった死者霊の住む世界、阿修羅は闘争を好む鬼神の住む世界、天は神々が住む世界である。通常、価値的には天が最高、地獄が最低とみなされており、人として生まれた者も、現世における行いの善悪に応じて、来世では人より上位あるいは下位の世界に生まれることにもなるというのである。したがって、厳密に言うならば、人が天に生まれたり、あるいは地獄に生まれたりするということはない。なぜなら、天に生まれたり、地獄に生まれたりする存在はもはや人という存在とは異質なものだからである。

熱心な仏教信仰者である景戒も、仏教の中に見いだされる輪廻という観念を事実として全面的に受容しており、それを巧みに因果応報と結びつけて説話を構成している。その説話は（一）悪行によって動物などとして再生する、（二）善行によって、王族などのような、人間の世界でもっとも望ましい存在として再生する、という二つに大別されるが、『霊異記』に見られる輪廻の説話は、下巻の第三十九話の一例を除いて、みな（一）のタイプに属している。

（一）のタイプの大半は、生前、身内の所持品あるいは寺院の物品を盗んだり、借りたまま返さなかったりすることによって、牛に生まれて労役に服しているという説話が多い（上巻の第十・二十話、中巻の第九・十五・三十二話など）。これは景戒自身が引用しているように、『成実《じょうじつ》論』(17)の「借金を返さなければ、牛、羊、鹿、驢馬などの家畜になって返さなければならない」という発想に由来しているのであろう。また、多少変わったところでは、かつて殺された者が狐に生まれ変わって殺した者をとり殺したが、新たに殺された者がさらに犬に生まれ変わってその狐を噛み殺したという説話（下巻の第二話）もあり、「怨みに対して怨みで報いては、その怨みは永遠にやむことはない」という仏教的な教訓を与えている(18)。

しかし、このような輪廻の説話で注目されるのは、悪行によって動物などとして再生した者をそのまま突き放してしまうのではなく、なぜ彼らがそのように生まれ変わったのかを明らかにし、彼らに救いの手を差しのべている点である。それらの説話では、自らがなぜ牛に生まれ変わったのかが衆目の場で明らかにされることで、牛は涙を流し、あるいはため息をついて、その日のうちに死んだことになっている。牛は救われたのである。景戒にとって因果応報は単に現実世界を説明するためだけのものではなく、現実世界をよりよく生きるための原理なのであった。

テーマ⑤――歴史的人物の登場

『霊異記』には日本史でもよく知られているような歴史的人物に関する説話が収録されている。しかも、それは通常の歴史書などではけっして語られないような不可思議な逸話という形である。以下では五人の歴史的人物にしぼって『霊異記』が彼らをどのように捉えているか紹介してみよう。(19)

第一の聖徳太子は仏教の熱心な信仰者、日本の仏教興隆を決定づけた有力な保護者として知られている。仏教こそ真理であると信じる景戒にとって聖徳太子は特に重視する人物の一人である。上巻の第四話では、聖徳太子が、病気にかかったみすぼらしいなりをした人に自らが着ていた衣を与えて丁重に扱ったことを描写している。そして、その人が実は聖者であったと示すことによって、それを見抜いた聖徳太子もまた聖者であったと捉えているのである。

第二は、仏教の受容をめぐって蘇我氏と激しく対立した物部守屋である。上巻の第五話では話の主人公という位置づけではないが、日本で災害が起こっているのは仏という外国の神を祀っているからであるとして、物部守屋が仏像を破壊しようとし、そのために天や地の神の怒りをかって滅ぼされてしまったと捉えている。

第三の長屋王は通常、藤原氏の陰謀によって家族ともども自害に追いやられた悲劇の人物として知られているが、中巻の第一話はそう描かない。長屋王は自らの高位高官を恃みにして、聖武天皇が催した法会でみすぼらしい姿の僧に暴力を加えた傲慢な人物として描かれている。長屋王を襲った悲劇も仏教の守護神の怒りによるものと捉えているのである。

第四の行基は奈良時代を代表する僧で、常に民衆の視点に立った布教で「菩薩」と慕われた。朝廷は行基を危険視していたが、やがてその力を無視できなくなり、彼を大僧正に任命して、大仏建立の大事業に当たらせた。仏教布教に巨大な足跡を残した行基に対する景戒の賞賛は他の人物とは比較にならないほど絶大である。中巻の第七話では、冥界に日本での布教を終えて行基が戻ってくる立派な宮殿があることが示されており、上巻の第五話などの記述も合わせると、景戒は行基を文殊菩薩の化身として捉えている。

第五の橘奈良麻呂は権勢を誇った橘諸兄の子で、藤原仲麻呂に奪われた権力奪回のために反乱を起こしたが、捕えられて拷問死した。中巻の第四十話ではこの橘奈良麻呂を、狐の子を殺してさらしものにしたり、絵に描いた僧の目を射抜く練習をしたりするなど、極悪非道の人物として描いている。その報いは、子を殺された母狐が奈良麻呂の子を同様に殺してさらしものにし、さらに奈良麻呂自身の処刑という形で現実化した、と捉えている。

景戒の歴史的人物への評価は、当人の仏教に対する態度によってはっきり二分されており、仏教の保護者には望ましい果報、仏教の迫害者には望ましくない果報が起こったと捉えている。話の作りが幾分短絡的な傾向にあるものの、実在した人物に関するものだけに妙にリアルな印象を与えてくれるのである。

第四章　怨霊と御霊——霊魂の宗教思想——

一　跋扈する怨霊

死霊としての霊魂

「霊魂」（soul）と呼ばれているものの正体は何か。それについては様々な規定の仕方が可能であると思われるが、ここでは、生命の内面にあって肉体的、精神的活動を司る実体のことであると捉えておこう。「霊魂」と言えば、一般的には特に人間の場合を連想する場合が多い。しかし、人間以外の動植物や自然物にも存在すると考えられており、それに対応する様々な霊魂が説かれている。また独立した個性をもつ人格的存在としての霊魂とは区別して、非人格的な生命霊としての「霊質」（soul-substance）というものを想定する考え方もある。

様々な違いがあるにしても、霊魂は世界の多くの部族や民族が宗教的あるいは神話的営みにおいて保持し続けてきた観念であり、その意味で、人類の普遍的な発想の一つとして捉えることができるであろう。しかも、どの程度それをリアルなものとして認識するかどうかという程度の違いはあるにせよ、霊魂という存在は現代においてもなお完全には消滅してはいない発想と言えるのではないであろうか。もしこの発想を完全に捨て去ってしまうならば、たとえば日本の場合を考えてみても、遺骨、お墓、位牌などは単なる物ということになってしまい、それらを取り巻く宗教的営為のほとんどが無意味なものとなってしまうであろう。しかし、わたしたち日本人は、霊魂の存在を積極的に肯定しているわけではないけれども、それを完全に否定してしまうほどに霊魂と訣別しているわけではないように思われるのである。

ところで、霊魂は永久不滅であると規定されることが多い。いくつかの具体例を挙げてみると、たとえば、エジプトで「バー」と呼ばれる霊魂は、肉体に宿る不可視の実体であるとされ、死後も存続して、肉体を離れて、砂漠などをさまよったり、天に昇ったりすると信じられているし、(1)また、インドの「ウパニシャッド」と呼ばれる宗教聖典で説かれるアートマンは、死後もなお存続し、生前の行為に応じて、「祖道」か「神道《しんどう》」のどちらかに進んで、祖道の場合、やがて新しい肉体を伴って再生すると信じられている。このように霊魂は、永久不滅と規定されることで、生と死を超えた、いわば「生命の永続性」とでも言うべきものを根拠づける役割をもっている。そのような発想を生み出した動機は、死によってすべてが終わるのではないという、死の超越への願望によるものでもあろうし、同時に今ある生を意義づけようとする願望によるものとも言えるであろう。

霊魂は死を境界線にして「生霊」と「死霊」の二つに区別して考えることができるが、このように霊魂が生死の境界を超えることを意図しているのであれば、この両者に本質的な差異はないと言えるであろう。しかし、一般的に「霊魂」と言う場合、「生霊」よりも「死霊」を指している場合が多い。なぜなら、霊魂の存在は、肉体的、精神的にも活動している生の状態では、それらの活動の背後に隠れてしまって、ほとんど意識されないが、肉体的、精神的な活動が停止した死の状態になってはじめて強く意識されるからである。ここで問題にしようとしている霊魂とは、まさしくこの死霊としての霊魂にほかならない。

怨霊とは何か

死霊が現実世界の人間に対して何らかの働きかけを行うという発想は、世界において幅広く見いだされる。そして、この死霊が現実世界の人間に対してどのような働きかけを行うのかという性格的な違いに着目するならば、善い働きかけを行う死霊と悪い働きかけを行う死霊に大別することができるであろう。

まず善い働きかけを行う死霊――これを「善霊」とでも呼んでおきたいが、このような言い方はあまりされていないように思われる――の具体例として、先祖たちの死霊で、たえず子孫を見守っていると信じられている「祖霊」が挙げられるであろう。祖霊は「家」（この場合の「家」は氏族という意味）を一つに束ねる象徴的な存在でもあったから、「家」という観念が社会の重要な基盤とみなされているような地域では祖霊信仰が非常に盛んである。日本はその代表と言えるであろう。

また、祖霊と重なる部分もあるが、「守護霊」と呼ばれる死霊も、血縁関係、友人関係などといった特定の結びつきがある人間を保護しようとする働きをもつと考えられており、善い働きかけを行う死霊として捉えてよいであろう。

それに対して、悪い働きかけを行う死霊は一般に「悪霊」と呼ばれている。様々な民族が悪霊の存在を想定し、その活動を封じ込めようとしてきた。たとえば、古代ローマでは、レムリア祭という死霊を祀る祭典を行って、悪霊をなだめようとし、チャイナでは害悪をなす悪鬼（「鬼」は死霊のこと）の存在が恐れられ、それを封じるために様々な宗教儀礼が行われた。かのハロウィンで行われる仮装の風習も元々は悪霊を驚かせて、追い払うためのものであったと言われている。

このように死霊は善い働きかけを行うものと悪い働きかけを行うものとに区別することができるが、その善悪の区別は決して固定的、永続的ではない。祖霊も粗末にすれば悪霊に変じる場合があるし、逆に悪霊が善霊に変わる可能性もある（後述する御霊《ごりょう》はこのような発想に基づいている）。死霊も意志や感情をもっていると考えられており、現実世界の人間の振る舞いに応じて、その性格を変えてゆくと捉えられているのである。

さて、本題である怨霊はこれまでに述べた悪霊とかなりの部分で重なり合っている死霊と言えるであろう。現実世界の人間に悪い働きかけを行うという点では怨霊も悪霊の一部と捉えることができるが、悪い働きかけを行う明確な理由があり（生前に受けた迫害などへの恨み）、単に邪悪な行為をなすことを本性とするような邪霊とは区別されるであろう。怨霊はこの現実世界に怨みをいだいたまま死んでいった者の死霊であり、怨みを晴らすべく、怨みの原因を作った人間、さらには現実世界そのものにも災いをなそうとする存在なのである。

日本にはこの「怨霊」という観念が古くから存在していた。いやむしろ、日本の歴史は怨霊と不可分の関係にあると言っても過言ではないほど、怨霊は重要な存在であった。日本人は、自然災害、疫病の流行など、説明のつかない不可解な出来事を怨霊の仕業と捉え、その荒ぶる死霊のなせる業に恐れおののいてきたのである。以下ではその実例を示すことにしよう。

日本古代の怨霊

古代から中世にかけての日本では、実に多くの怨霊、あるいは、無念の死を遂げ、人々がその怨霊化を懸念した人物たちが存在している。その主だったものとして、八つの事例を挙げることができるであろう（後述する六つの御霊と菅原道真はここでは除いておきたい）。

（一）　蘇我入鹿――天皇をしのぐような絶大な権力を握っていたが、中大兄皇子と中臣鎌足のクーデターによって殺害された。

（二）　長屋王――藤原不比等の四子（武智麻呂《むちまろ》、房前《ふささき》、宇合《うまかい》、麻呂）の策謀によって権力の座を追い落とされ、妻子とともに自殺した。

（三）　藤原広嗣――国政の腐敗を訴え、聞き入れられないと九州でクーデターを起こし、失敗して殺害された。

（四）　淳仁天皇——孝謙上皇との反目によって天皇の座を追われ、配流先の淡路で逃亡中に捕らえられて急死した。おそらく殺害されたのであろう。世に「淡路廃帝」とも呼ばれる。
（五）　井上《いがみ》皇后と他戸《おさべ》親王——皇位継承をめぐる争いで巫蠱《ふこ》（「蠱毒」「蠱道」などとも言う。生き物を使って呪いをかける術のこと）の罪を着せられて皇后・皇太子の位を廃され、共に幽閉先で変死した。おそらく殺害されたものと推測される。
（六）　平将門——関東八ヶ国を占領し、「新皇」と称して新国家の樹立を試みようとしたが、平貞盛と藤原秀郷の連合軍に敗れ、殺害された。
（七）　藤原元方——皇位継承をめぐる抗争で藤原師輔《もろすけ》に敗れて悲嘆に暮れた最期を遂げ、師輔のみならず、皇室にまで祟ったと伝えられる。
（八）　崇徳上皇——保元の乱に破れて、讃岐に流され、苦悶の生涯を終えた。

これらの人々はいずれも政治的抗争の中で悲惨な末路をたどっていった。このように政治的抗争で失意のうちに死んでいった者たちのほとんどは「怨霊」として人々に受け止められたと言っても過言ではない。当時の人々は、彼らの怨念がその身を怨霊と化し、この現世に災いをもたらすことを恐れた。そして、地震、干害などの自然災害や疫病などといった実際に起こる様々な災いを怨霊の仕業として見なしてきたのである。

この「怨霊」という観念の誕生はもちろん単純に恨みを残して死んだ人間が祟るのを恐れるという恐怖心に基づく側面もあるけれども、一方ではそれとは別に、政治的陰謀によって非業の死を遂げた者が怨霊になって祟っていると言い立てることによって、庶民などの被支配者層が首謀者たる為政者の悪政を間接的に批判するという側面をももっていた可能性がある。

いずれにせよ、古代から中世にかけての日本では、跋扈《ばっこ》するこれらの怨霊の怨念をどのように鎮め、降り掛かる災いから身を守るかが人々――とりわけ為政者――の大きな関心事であり、同時に宗教に課せられた大きな使命の一つであったとさえ言えるのである。

二　怨霊から善神へ――御霊信仰の成立――

御霊とは何か

ところが、このような「怨霊」という観念を更に一歩進め、怨霊のもっている災いを引き起こす威力を慰撫《いぶ》して鎮めたり、逆に幸いをもたらす力へと変えたりするような新しい霊的観念が生まれた。それが「御霊」と呼ばれるものである。

元来、「御霊」という呼称は霊魂に対する敬称であったが、それに対して、特に怨念という負のエネルギーを原動力としながらも、通常の霊魂とは異なって、強烈な力を有する怨霊の偉大さを称えてそのように呼ぶ新たな用法が登場したと思われる。

たしかに、怨霊は人々に災いをなす恐ろしい存在であり、生前の怨みを晴らすべく、地震、落雷、洪水、干害、噴火などの自然災害、疫病や農作物を荒らす病害虫の発生、朝廷関係者の不慮の死などといった様々な災いをもたらすとされるが、その一方で、生前の仕打ちを反省して名誉を回復させ、神として祀ることによって、怨霊は善神と化し、その強烈な力はそのまま人々にご加護を与える力へと転化させられることも可能になると信じられるようになっていった。これこそが御霊信仰の基本的な特色であると考えることができるであろう。

では、この「御霊」という観念、そして、それへの信仰はいつごろから始まったのであろうか。これに関連して、まず押さえておかなければならない史料がある。それは清和、陽成、光孝という三代の天皇の時代を記録した歴史書『日本三代実録』貞観《じょうがん》五年（八六三年）五月廿日《はつか》条に見いだされる記述である。(2) この記述には、「御霊」という観念がすでに成立しており、それに関連する宗教的儀礼が行われていたことが明確に示されている。したがって、その成立時期は平安時代の前期まで遡らせることができるであろう。

ただし、怨霊の事例として前述した長屋王については、海に捨てられたその遺骸が土佐国に漂着し、住民たちに疫病をもたらしたため、都に近い紀伊国に改葬したという記述が『霊異記』に存在している。長屋王は奈良時代前期の人物なので、この記述を重視するならば、御霊信仰の成立をさらに遡らせることができるが、この話は『霊異記』以外の文献には見いだされず、(3) しかも、『霊異記』そのものが奈良時代末期から平安時代初期までに成立したものと考えられるので、奈良時代に長屋王の死霊が御霊化していたことを示す証拠とはならないかもしれない。(4) それに対して、前述した藤原広嗣が没して数年後、唐津にある鏡神社に二ノ宮が創建され、広嗣の霊が祭られている。これはその霊を鎮めるためのものであったと考えられる。したがって、長屋王の事例は保留にするが、広嗣の事例は御霊信仰として捉えられるので、その成立を奈良時代中期まで遡らせることができるであろう。

前述の『日本三代実録』の記述は、現在確認されているかぎりでは、御霊の観念とその具体的な信仰を示す最古にして恰好の史料である。以下では、この史料の記述に基づきながら、御霊の具体的な様相について考察してみることにしたい。

六所御霊に見いだされる特色

『日本三代実録』では御霊になった人物として六名を具体的に挙げている。これらの人物はこれまで「六所御霊」と呼ばれてきたものである。まずはこの六所御霊の各々について概説し、次いでそれらに見いだされる共通の特色について考察することにしよう。

一番目は崇道《すどう》天皇。桓武天皇の同母弟の早良《さわら》親王のことを指し、実際に天皇の位にあったわけではない。皇太子となったが、藤原種継暗殺事件に連座して失脚した。無実を主張したが、認められず、淡路島に護送される途中、自ら飲食を断って自殺した。その怨霊化が恐れられ、後に「崇道天皇」という追尊を受け、名誉が回復された(5)。

二番目は伊予親王。桓武天皇の第三皇子であるが、政治的な陰謀に巻き込まれて失脚した。大和国に流され、服毒自殺したと言われる。嵯峨天皇の時、名誉が回復された。

三番目は藤原夫人《ぶにん》。伊予親王の母である藤原吉子と推定されている。伊予親王同様に服毒自殺したが、その後、名誉が回復された。

四番目は観察使。藤原仲成のことを指すと言われているが、定かではない。仲成は妹の薬子とともに平城天皇の寵愛を受けて勢力を誇ったが、権力闘争に破れ、射殺された。

五番目は橘逸勢《はやなり》。「三筆」の一人として知られる能書家であるが、承和九年（八四二年）に起こった承和の変に連座し、伊豆に配流される途中病没したと言う。後に復権し、位階も上げられた。

六番目は文室《ふんや》宮田麻呂。筑前守であったが、外国人と交易していたことを咎められ解任された。その後も交易を続けたが、外国人と結託して謀反を企てていると密告され、伊豆へ配流された。その後の消息は不明である。配所で死亡したと推測されている。

なお、「観察使」を単独の人物を指すとはみなさずに、つぎの「橘逸勢」に掛ける解釈もある。(6) たしかに「観察使」を藤原仲成と考える限り、他の御霊とは若干性格を異にすると思われる。

この六所御霊にはおおよそ次のような三つの共通点が見いだされると思う。その第一は、いずれも犯罪者として処罰されているが、その罪が軽微な罪ではなく、国家への反逆という大罪であるという点である。第二は、自殺したり、殺害されたり、配所で死んだりと、いずれの人物も悲惨な最期を遂げている点である。かつ、そのほとんどの人物が都の外に追放されている点は注目されるであろう。そして、第三は、「観察使」の場合は除いて、その罪が政治的な抗争に巻き込まれた冤罪である可能性が強い点である。たとえば、崇道天皇、伊予親王、藤原夫人らの場合、事件当初から冤罪であるという見方があり、世人はその処罰を悲しんだと伝えられている。六所御霊の大半は尊号や位階を与えられたりして、その名誉が回復されているが、それは単に怨念を鎮めるだけでなく、無実の罪で葬り去った者たちへの慰謝の念を多分に含んでいると思われる。(7)

このように、国家への反逆という大罪を着せられて、悲惨な最期を遂げていった者たちが、無念の思いを募らせ、都に災いをもたらす怨霊と化して、再び都へと戻ってゆく――という御霊化する霊魂の基本的な特色が浮かび上がってきたと言えるであろう。

御霊会と御霊神社

基本的なあり方から言えば、「御霊」と呼ばれる霊魂は、様々な災いを起こすと信じられた従来の怨霊と同様の存在と言えるであろうが、その霊魂を慰め、祀ることによって、そのような災いを抑止できると考えたところに御霊信仰の成立を見ることができる。そして、このような信仰は御霊会《ごりょうえ》の開催や御霊を祀る御霊神社の創建という形で営まれていった。以下ではこの御霊会と御霊神社について説明することにしよう。

まず前者の御霊会は、疫病を都にもたらすと考えられていた御霊たちを迎え、丁重にもてなした上で、海へと送り返すという儀式である。貞観五年（八六三年）に神泉苑で行われたもの(8)がもっとも早いものであると考えられている。具体的には、着飾った行列や舞踊、音楽の演奏などの華美な催しものを行ったり、『金光明経《こんこうみょう》』や『般若心経』などの経典を読経《どきょう》したりして、怨霊化した霊魂をできるだけ慰撫し、最後は神輿《みこし》に乗せたまま難波の海に送り出すという形をとっている。

御霊会は御霊を祀って疫病を封じるという目的をもっており、そのため、人口の集中によって衛生状態が悪化し疫病が流行しやすかった都市に誕生した祭りであった。開催の時期は特に疫病が流行しやすい夏期とされていた。そもそも日本古来の神祇信仰に基づく祭りは、収穫を願って春に行われる祈年祭と収穫を感謝して秋に行われる新嘗祭《にいなめ》の二つであったが、それに夏の祭りが加わることになったのである。この都市の祭りはやがて、病害虫の発生を抑止する祭りとして地方にも伝えられていった。御霊会は娯楽的要素を含んだその華美さも相まって、多くの人々に受け入れられ、その後の日本における祭りのあり方に大きな影響を与えてゆく。日本の風物誌として、祭りといえば、夏祭りが連想される場合が多いが、このような連想は御霊会に由来する点が大きいのである。

一方、後者の御霊神社は御霊を神として祀る神社である。桓武天皇は、同母弟でおそらく無実の罪を着せられて自殺に追い込まれたであろう早良親王の祟りを恐れて、平安京に遷都した時にその霊魂を祀る祠を創建した。それが御霊神社の始まりである。その後、承和六年（八三九年）にその御霊神社の南に同様の神社が創建され、世間ではそれらを「上御霊神社」「下御霊神社」と並び称してきた。これらの御霊神社には、前述の六所御霊を基礎にして、「吉備大臣」（吉備真備）や「藤原大夫神《たいふ》」（藤原広嗣のことか）などの御霊が祭祀の対象に加えられている。これを総称して「八所御霊」と言うが、厳密に言えば、六所御霊のすべてが八所御霊に含まれているわけではなく、また、上御霊神社と下御霊神社では八所御霊の内容が必ずしも一致しないなどの相違点がある。(9)

上下の御霊神社以外にも、たとえば怨霊の例として前述した井上皇后や他戸親王を御霊として祀る神社など御霊信仰系神社が各地に多数建てられていったが、やがては、勇猛な武将であった鎌倉権五郎景政を祀る御霊神社（権五郎社）などのように、怨念を残して死んでいったと考えられた霊魂だけでなく、人並みはずれた活動を示した人物を英雄視し、その霊魂を祀ることも行われるようになり、御霊信仰は独自の展開を遂げてゆくのである。

三　牛頭天王と祇園会

御霊信仰では非業の死を遂げて怨霊化したものを御霊として信仰するという形態をとってゆくが、その一方で、疫病を防ぐという動機は保持しながらも、従来とは起源をまったく異にする新しい信仰対象が登場した。それが牛頭天王《ごずてんのう》である。本節では、この牛頭天王と、それを祀る儀式で、京都三大祭りの一つに数えられている祇園会について考察することにしよう。

牛頭天王とは何か

そもそも牛頭天王は仏教との結びつきが強い神である。この神については様々な伝承が残されている。一説には、須弥山《しゆみせん》の中腹にある豊饒《ぶによう》国の王子で、やがて王位について「牛頭天王」と称し、八大龍王の一人である沙竭羅《しやから》龍王の娘と結婚して、八王子をもうけたと言われており、また、別の説では、「祇園精舎の鐘の声」という『平家物語』冒頭の文句でもよく知られている祇園精舎の守護神であったとも伝えられている。

この牛頭天王は疫病と結びつけられる場合が多い。それは牛頭天王が住していた山で熱病に薬効があるとされた栴檀が多く採れたことに因んでいるらしく、牛頭天王は疫病を抑える神として信仰されたのである。

しかし、牛頭天王には疫病を抑えるだけでなく、疫病をもたらすという側面もある。それに関連するのが『備後国風土記』逸文にある蘇民将来の説話である。武塔神という神が旅の途中で蘇民将来と巨旦将来という兄弟に一夜の宿を求めたところ、裕福な巨旦には断られ、貧しい蘇民には粗末ながらも真心のある歓待を受けた。再びその地に訪れた武塔神はそのお返しとして、蘇民には疫病から免れる方法を教え、それによって、疫病が流行しても、蘇民の子孫だけが無事に生き延びた——というのがそのあらすじである(10)。この説話で武塔神は自らを歓待しない者には厳罰を下すが、歓待する者には恵みを与えるという二面的な性格をもつ神として描かれている。そして、この武塔神が牛頭天王の父親、あるいは、牛頭天王そのものとされているのである。

疫病との結びつきが強い牛頭天王は、次第に疫病との関係が深い御霊信仰と結びついてゆくことになる。そして、当初、非業の死を遂げた実在の人物を祀ることで営まれてきた御霊信仰は、疫病の抑止という基本線は維持しながらも、牛頭天王という外来の神の登場によって、いわば天王信仰へと変容してゆくのである。その理由は必ずしも定かではないが、牛頭には元々地獄の番人である獄卒のイメージがあり、それがやがて怨霊の支配者となり、最終的には個別の御霊を統率する存在としてみなされたという推測を立てることも可能であろう。

さらに牛頭天王は、猛威を振るうという共通点から、日本神話に登場するスサノヲとも同一視されている。前述の蘇民将来の説話で武塔神は自らがスサノヲであると語っているのである。このように、仏教との結びつきが強い牛頭天王は様々な神々との習合を繰り返しながら、日本の宗教史において深くその根を下ろすことになるのである(11)。

祇園会の成立と展開

祇園会は祇園社で行われてきた宗教儀式である。祇園社は時の権力者であった藤原基経が自らの邸宅を寄進して建立したとされ、その創建は貞観十八年（八七六年）と言われている。この「祇園」という名は、基経の行いを、仏のために寄進して「祇園精舎」という寺院を建立した須達《すだつ》長者の善行になぞらえたものとも伝えられている。祇園社には薬師如来や千手観音が祀られており、当初から仏教の強い影響を受けていた。祇園社は「祇園寺」と呼ばれることもある。

前述のように、牛頭天王は祇園精舎の守護神であるとされており、それとの関連から、この祇園社でも牛頭天王を祀るようになったと考えられる。もっとも、祇園社のあった八坂地域では元々帰化人系の氏族が牛を犠牲にして漢神を祀っていたとも言われており、祇園社と牛頭天王が結びつく状況はもっと複雑であったように思われる。

祇園社は牛頭天王を祀ることによって御霊信仰との結びつきを深くしていった。それによって営まれるようになったのが「祇園御霊会」、略して、前述のように「祇園会」と呼ばれるようになった。これは疫病をもたらす神である牛頭天王を祀ることで、逆に疫病の災禍を防ごうとする宗教儀式であり、そのもっとも古い開催は八坂神社所蔵の『山城国愛宕郡八坂郷祇園社本縁雑録』という記録によると、貞観十一年（八六九年）であると伝えられている。ただし、この記録は前述の祇園社創建年と齟齬《そご》を来すように思われる。それはともかく、このときには、祇園社で祀られている牛頭天王を神輿に乗せて神泉苑に送り、神泉苑では全国の六十六ヶ国という国数に応じて六十六本の鉾を建てて、その神輿を迎え入れて、祇園会を営んだと言う。開催の時期は旧暦の六月で、疫病を防ぐ祭祀という元来の性格を反映して、疫病が発生することの多い夏に行われた。

この宗教儀式がやがて「祇園祭」と呼ばれ、京都を代表する祭りへと成長してゆくことになる。祇園祭りは毎年七月に疫病退散を願って約一ヶ月間も行われる盛大なものであり、その期間中、提灯行列、神輿巡行、祇園囃子、山鉾巡行、花傘巡行、狂言奉納などが行われるのである。

ところで、「祇園祭」という呼称は現在でも健在であるが、それを主催する祇園社は明治時代を境に大きく変貌した。すなわち、祇園社は「八坂神社」と改称され、祭神も牛頭天王からスサノヲへと変更されたのである。これは神道と仏教の区別をつけること――実際は、国策の必要上、神道から仏教の影響を排除すること――のために出された神仏分離令に基づいたもので、祇園精舎の守護神で、仏教との関係が深い牛頭天王を斥け、その代わりに、牛頭天王と習合して同一視されていたスサノヲを前面に押し立てていったのである。そのような事情によって、かつて祇園社であった八坂神社はスサノヲを祭神とする神社へと変貌し、この変貌に連動して、従来祀られていた牛頭天王の妃である頗梨采女《はりさいじょ》と「八王子」と総称される八人の王子とは各々、クシナダヒメと八柱の御子神に変更されることになった。全国各地にあった天王信仰系の神社も「素盞嗚《すさのお》命神社」「須賀神社」などと社名を改めてしまい、天王信仰は日本宗教史の表面からその姿を消すことになるのである。

四　天神としての菅原道真

本節では、御霊信仰の代表的な事例として天神への信仰を取り上げ、非業の死を遂げ、災いをなす恐ろしい怨霊とみなされていた菅原道真が、やがて様々なご利益をもたらす天神様へと変貌していった過程を跡づけることにしよう。

道真の栄達と左遷

菅原道真は是善の子として生まれた。そもそも菅原氏は学者の家柄であり、文章博士《もんじょうはかせ》、大学頭《かみ》などといった学者の最高位と言える要職に就いた人物を多く輩出している。しかも、父の是善や祖父の清公は公卿にも列しており、藤原氏のような権勢家には遠く及ばないものの、政界においても一定の地歩を固めていた氏族であると言えるだろう。道真も父や祖父と同様のコースを進んでおり、文章《もんじょう》生《しょう》、文章得業生を経て、文章博士や式部少輔《しょうゆう》などの職を歴任した。ただし、この道真が父や祖父の場合と決定的に異なっていたのは、彼のもっている卓越した才能もさることながら、道真を取り巻く政界の状況と彼に寄せられた期待の大きさであった。

道真の活躍期間は宇多天皇からその子醍醐天皇までの治世と重なっている。宇多天皇の治世は関白藤原基経によってその権力が掌握されていた。一説によると、基経は宇多天皇を即位させた立役者と伝えられており、天皇との直接の姻戚関係がないにもかかわらず、絶大な権力を振るっていた。宇多天皇はこれを必ずしも快くは思わなかったが、かといって対抗する術を持たなかった。しかし、基経が逝去すると一転して攻勢に転ずることになる。その際に宇多天皇がもっとも期待をかけたのが、学識と政治手腕、そして、時の権勢家基経にさえ堂々と意見するような果敢さをもった道真であった。道真は讃岐守の任期を終えて中央官庁に復帰すると、蔵人頭、参議などの重職を歴任し、基経の後継者である時平を追いかけるように昇進していった。そして、ついに左大臣時平に次ぐ右大臣の地位に至る。菅原氏から大臣を輩出することはもちろん初めてのことであり、そもそも学者出身で大臣の地位に至った者は吉備真備以外にはいなかったのである。

しかし、道真の栄達は長くは続かなかった。昌泰四年（九〇一年）に宣命が出され、道真は右大臣を免職され、大宰員外帥《そつ》(12)に左遷されてしまう。その宣命には「兄弟の愛を破る」という趣旨の記述があるが、これはおそらく、道真が宇多上皇の皇子斉世《ときよ》親王と姻戚関係があり、その皇子を皇位につけようとする画策が醍醐天皇と異母弟の斉世親王の仲を引き裂くことになる、という意味なのであろう。醍醐天皇は父の宇多上皇の政治姿勢に必ずしも同調していなかったらしく、姻戚関係を結ぶなどして、時平との結びつきを強めていた。道真への処分についても当然のことと思っていたようである。

時平を代表とする藤原氏の勢力に対抗しうる人物として期待された道真は、住み慣れた京の都を逐われ、九州の地へと赴く。そして、配所の月を眺めつつも、都のことが思い出されるという詩歌を残しながら、二年後に五十九歳でその生涯を終えることになるのである。

「道真の祟り」と囁かれる出来事

道真左遷後の政界は時平の独擅場《どくだんじょう》となるはずだった。しかし、その目論見を崩してしまう一連の出来事が起こり始めた。世の人々はそれを「道真の祟り」として恐れるようになったのである。

その中でも比較的早い出来事は時平自身の死であった。彼は権力を事実上手中にしながらも、結局、摂政、関白、太政大臣という地位に就くことなく、三十九歳で死去したのである。[13] さらに、醍醐天皇の妃となった時平の妹が生んだ皇太子保明《やすあきら》親王が二十一歳で早世し、その二年後には保明親王の皇子で急遽皇太子に立てられた慶頼王もわずか五歳で亡くなってしまった。この慶頼王は時平の娘が生んだ皇子である。保明親王、慶頼王が相次いで逝去することで、時平一門は天皇の外戚となる機会を逸してしまったのである。そして、その不運は時平の子孫にもそのまま襲いかかる。長男保忠は大納言の地位にあったが、四十七歳で病死しており、『大鏡』によると祈禱僧が読経の際に発した「宮毘《くび》羅《ら》大将」ということばを聞いて、自分の首が「くびられる」（絞められる）と絶叫して果てたと伝えられている。また次男顕忠は右大臣に昇進し、六十八歳まで生きたが、大臣らしい威勢もはらず、毎夜、道真を祀る北野天満宮への参拝を欠かさなかったと言う。三男の敦忠は歌人としても知られている人物であるが、わたしは短命の血筋であるから早死にするであろうと語り、実際それを裏付けるかのように三十八歳で亡くなっている。このように時平の子孫は衰微の一途をたどり、やがて歴史の表舞台から姿を消してしまうのである。

だが、「道真の祟り」と噂される出来事はこれらだけにとどまらなかった。その圧巻が、時平とともに道真の左遷に同調した醍醐天皇に向けられたものと解されている延長八年（九三〇年）の落雷事故である。この落雷は天皇の居所で、政務の中心でもあった清涼殿に起こった。記録によると、落雷の直撃によって大納言の藤原清貫《きよつら》は胸を裂かれ、右中弁の平希世《まれよ》は顔を焼かれるなどして、少なからぬ死傷者を出した。なお、『大鏡』には雷神となって、雷を落とそうとした道真を時平が諫める記述が見いだされるけれども、実際には時平はこの事故の二十年以上前に亡くなっているので、この事故とは異なる出来事なのであろう。そこに居合わせたと思われる醍醐天皇はこの事故の後から病に苦しむようになり、やがて逝去してしまう。『扶桑略記《ふそう》』などでは、醍醐天皇が道真左遷の罪によって地獄に落ちて苦しんでいる様子を伝えてさえいるのである。

もちろんこれらの出来事は単に偶然が重なったにすぎないと割り切ることもできるだろう。しかし、それを詮議することはここではあまり重要なことではない。現代においても、よくないことが続くと、それを何か因縁めいたものとして捉えてしまう志向性が日本人にはあるように思われる。平安時代は現代とは異なり、非日常的な世界の存在性がリアルに感じられていた時代であった。わたしたちはそのリアルな感じを追体験することはできないが、これら一連のできごとをまさしく無念の一生を遂げた道真の怨霊のなせる仕業と捉え、畏敬の念をもとうとすること——それが当時において強く生きていた信仰であったと指摘することはできるだろう。

北野天満宮の創建

朝廷は怨霊と化した道真をなだめようとして官位を贈った。贈官や贈位は従来、生前の功績に報いて行われてきたものであるが、怨霊をなだめるための手段としても利用されたのである。(14) 延喜二十三年（九二三年）には右大臣という左遷直前の官職と正二位という位階が贈られ、正暦四年（九九四年）には正一位左大臣、さらに道真の霊が贈官に不満とみるや、同年に急遽、太政大臣が贈られた。

しかし、このような贈官や贈位による懐柔と同時並行する形で、道真の霊を神として祀り上げる試みが進行していた。北野天満宮の創建である。

北野には藤原基経が雷神を祀る社を創建したと伝えられ、それ以降、そこでは雷神を祀る宗教儀礼が催されていた。おそらくこの雷神と、落雷による災いをもたらしたと恐れられている道真の霊とが結びつくことで、北野が道真信仰の拠点になっていったと考えられる。天慶五年（九四二年）、多治比《たじひの》文子《あやこ》(15)に道真の霊の託宣があり、北野に自分の霊を祀ってほしいと告げたと言う。文子はこのとき小さな祠を建てるにとどまったが、やがて近江国比良宮の禰宜《ねぎ》（神職の一つ）神良種《みわのよしたね》の子の太郎丸にも託宣があり、わたしがこれから居ようとするところに松を生やすと告げ、一夜のうちに北野に多数の松が現れたと言う。これらの託宣により、神良種、多治比文子、さらに北野朝日寺の僧最鎮（または最珍）の協力で天暦元年（九四七年）に道真の霊を祀る社が創建された。これが北野天満宮の始まりである。「天満宮」という呼称は道真の神名「天満大自在天神」に由来しており、この神名を縮めて、神となった道真を「天神」と呼ぶのが一般的である。[16]

北野天満宮は右大臣藤原師輔が社殿を増築することで風格を整えることになった。この師輔は摂政関白となった忠平の次男で、父同様に摂政関白となった兄実頼の後塵を拝していたが、将来への布石を打っていた。それが北野天満宮への手厚い保護である。天満宮を盛り立てることは、時平に関わる者たちが道真の怨念によって呪われているという記憶を社会に恒久的に植えつけることにつながってゆくが、実を言うと、実頼の正妻は時平の娘であった。つまり、うがった見方をすれば、師輔は、時平と姻戚関係にあった実頼一門が道真に呪われた存在であるということを強調し、それに代わって、道真の霊を祀って手厚い保護をしている自らの一門の繁栄を願ったのではないかと考えられるのである。その効果のほどが現れたのか定かではないが、結果から言えば、実頼一門はその子頼忠までが関白の地位に就いたものの、その後の摂関の地位は師輔一門に独占されることになる。

このように道真の霊は政治的に利用された側面もあるが、神として祀られることで霊魂そのものの性格にも変化が表れてくる。寛和二年（九八六年）に当時の著名な学者であった慶滋保胤《よししげのやすたね》が北野天満宮に奉納した願文に「文道之祖」とあり、すでにこの時期には怨霊としての性格が薄れ、後の「学問の神」につながる性格を有していたことが窺われる。そして、寛弘元年（一〇〇四年）には一条天皇が行幸し、朝廷から手厚い保護を受けることになった。かつて怨霊として恐れられた道真の霊は今や天神という国家を挙げて祀られる神へと変貌したのである。

太宰府天満宮の創建とその後の道真信仰

北野天満宮と並び、天神信仰の拠点として知られているのが、道真の配流された九州の地に創建された太宰府天満宮である。

太宰府天満宮は北野天満宮とは独立に発展してきたもので、その成立は北野天満宮とほぼ同じ時期にまで遡ることができる。創建の由来は、道真の亡骸を埋葬した地に家臣の味酒安行《うまさけのやすゆき》が祠を建てたことに始まると言われている。平安時代の中頃、その地に「安楽寺」という寺院が創建され、天暦元年（九四七年）、安楽寺別当に平忠という僧が任命された。この平忠は道真の孫にあたり、ここに安楽寺と菅原氏との密接な関係が確立することになるのである。

その後、永観二年（九八四年）に菅原輔正が安楽寺を増築して、以前よりも壮大な寺院へと変貌させた。菅原輔正は文章博士、大学頭などの学者のポストを歴任しながら、最終的には参議となって公卿に列した人物で、大宰大弐《だいに》に就任した経歴もあり、大宰府との関係が深い。菅原氏出身の是算が北野神宮寺別当に就任して、菅原氏嫡流が北野天満宮の実権を掌握していたのに対して、菅原氏の庶流である輔正は安楽寺の実権を掌握し、その発展を画策しようとした。

それに関連して、天神として祀られるようになった道真が複数回にわたって託宣したと伝えられており、実際、かなりの長文で具体的な内容をもつ託宣文が存在している。前述したように、道真への贈官が左大臣から太政大臣に急遽変更になったのは、輔正の弟幹正《もとまさ》の目前に道真が作った漢詩が突如出現し、その内容を朝廷に報告したからであると言われている。(17) 輔正の活躍によって安楽寺は朝廷の手厚い庇護を獲得し、祠廟を創建するに至った。そして、「安楽寺天満宮」と呼ばれて天神信仰の一大拠点になっていったのである。その勢いは九州を代表する大寺院として君臨していた観世音寺をもしのぐほどであった。

その後、安楽寺天満宮は宋との貿易や民衆の信仰を得ることなどによって栄え、明治初期の神仏分離令によって、神社と寺院が分離し、「太宰府神社」、さらにその後、「太宰府天満宮」と改称して現在に至っている。

日本史上で最大級の威力をもつ怨霊として恐れられた道真であるが、天満宮に祀られることで御霊化し、人々もそのご加護に与ろうとして天神信仰が盛んになった。これに伴って、道真の生前におけるあり方が天神という神の性格づけにもそのまま反映してゆくことになった。すなわち、道真が優れた学者であったことから、天神も「学問の神」とみなされ、今でも受験シーズンになると受験生たちが多数参拝に来ることは周知の通りである。また、空海、小野道風とともに書道の名手として「三聖」と称されていることから、「書道の神」としての性格ももっている。それ以外にも、文化、芸術、道徳など様々な分野にまつわる神として信仰されてきた。これらの多種多様な性格を伴いながら、天神信仰は日本全国に広がっていったのである。

第五章　神と仏の邂逅——「神仏習合」という現象——

一　本地垂迹への展開

仏教の受容と神仏習合

仏教は宣化天皇三年（五三八年）（一説には欽明天皇十三年（五五二年））に、外国から仏教のすばらしさを説いた上表文とともに、釈迦像や仏典が献上されたことで伝播したと言われている。しかし、これはあくまでも公式の伝播であって、実際には帰化人を中心にもっと早い時期に信仰されていたと推測されている。記録によれば、帰化人司馬達等《しめのたちと》は堂宇を建て、仏像を安置して、礼拝していたらしく、人々はこの仏像を「大唐神《おおからのかみ》」と呼んでいたと言う。

ところが、外交ルートを通じて公式に伝えられた仏教をどう扱うかが問題となった。『日本書紀』の記述によると、崇仏派と排仏派が対立を続けたと言う。崇仏派の代表は蘇我氏で、蘇我氏は帰化人との関係が深く、それによって最新の知識や技術を獲得したばかりでなく、おそらく国際情勢にも明るかったのであろう。近隣諸国がみな仏教を崇拝している以上、日本もそれに従うべきであると主張した。排仏派の代表は物部氏と中臣氏で、前者は軍事と祭祀、後者は祭祀と密接に関わっている氏族で、仏教の崇拝は日本古来の神々の怒りを買うであろうと主張した。(1)

この抗争は、蘇我氏と物部氏の権力闘争と相まって複雑な様相を呈したが、最終的には、蘇我馬子が物部守屋を滅ぼして権力を掌握することによって、仏教も朝廷によって公認され、国家的な規模でその興隆が推進された。飛鳥、奈良、そして、京都へと変遷する都に連動しながら、壮大な寺院・仏像などが次々と建立され、仏教は繁栄を極めていった。

後に「神道」と呼ばれる従来の神祇《じんぎ》信仰も、高度に体系化された教理や宗教的な実践を備え、かつ、国家仏教として朝廷のお墨付きを受けた仏教と対立するのではなく、むしろ仏教に接近し、共存への道を進むに至った。これが「神仏習合」と呼ばれるものの始まりであって、神祇信仰と仏教が習合する――つまり、結びついて混じり合う――現象である。

この神仏習合は、世界という大きな視点から見れば、特定の部族や民族の枠を超えて世界中に伝播してゆく普遍的な宗教（世界宗教）が、特定の部族や民族によって伝統的に営まれている基層的な宗教（部族宗教や民族宗教）と接触するという現象の一つである。そのような現象はたとえば、ローマに元々あった多神教的な宗教と後からローマに伝播して公認の宗教となったキリスト教との関係、インドの民族宗教であるヒンドゥー教と中世になってからインドに本格的に伝播してイスラム王朝を立てたイスラム教との関係、あるいは、アジア各地の部族宗教と世界中に布教活動を展開したカトリックとの関係などのように無数にある。というよりは、ある宗教が他の地域に伝播するとき、そこには別の宗教が存在しているであろうから、必然的に接触せざるをえないのである。(2)

このように類似の例が多く見いだされるが、その接触が神祇信仰と仏教の融合という形で展開したということが日本独特の特色である。しかも、この融合は奈良時代に始まってから千年以上を経て現在に及んでおり、日本の宗教を特色づける重要な要素と言えるであろう。

神身離脱と神前読経

神仏習合が進むとともに、ある一つの現象が生じるようになった。それは、神が託宣を通じて、神であるという身分からを離れたいと告白するものであり、通例では、仏教に帰依することによって、その実現を願うという形になっている。これは一般に「神身離脱（の託宣）」と呼ばれている。ここでは、神が自らを否定的な存在――すなわち、宿業によってもたらされた苦に満ちている存在――と捉え、その苦しみから逃れるために、仏の慈悲にすがろうとするのである。「神身離脱」という観念は、かつては人間によって祀られてきた畏敬すべき神を人間の側へと引き寄せ、神もまた人間同様に苦しみ、仏の慈悲によってのみ救済されるべき存在なのであるということを如実に示したのである。今や仏の慈悲による衆生済度は神にまで広げられたのである。

このような現象は奈良時代から平安時代前期までを中心に日本の各地で起こっており、たとえば、重い罪業によって神道の報いを受けたことを悔い、神の身から離れるために三宝《さんぼう》に帰依したいと告白する多度大神（伊勢国多度大神宮の祭神）の話や、『霊異記』（下巻の第二十四話）に描かれているような、仏教修行者の行動に制約を課した国王がその罪によって猿の姿をした神に転生させられ、僧に『法華経』を読んでほしいと懇願する多賀大神(3)（近江国御上《みかみ》嶺の神社の祭神と記されている）の話などがある。

これに伴って、神となったことで苦しんでいる神々を仏の力によって救済するため、神前において仏典を読誦《どくじゅ》するということが行われた。これは「神前読経《どきょう》」と呼ばれている。明治時代初頭の神仏分離令以後、神社と寺院は強制的に分離させられたので、今ではこのような神前読経が日常的に営まれることはないが、興福寺で行われている春日社参式は現在もその名残を伝えてくれている(4)。

神自らが神であることを苦しみ、その苦しみから逃れるために仏の慈悲にすがるという告白は、かなり衝撃的なシナリオであるが、ではなぜ、そのようなことが日本各地で同時多発的に起こってきたのであろうか。ここでは、神が苦悩するということが文字通りの事実なのではなく、実はそのような仮託を行った地方豪族の苦悩であったのではないかという先行研究の指摘(5)に基づいて考えてみると、次のように説明できるであろう。

端的に言えば、地方豪族の苦悩は大きく二つに分けることができる。その一つは社会変動に対する不安。これまで、社会に秩序を与えてきた律令制度は弛緩し、解体への道を歩みつつあり、彼らはそのような社会変動の中で地域社会を運営してゆくことへの不安を抱えていたと思われる。もう一つは、農耕社会を維持してゆくことの不安。おそらく陳腐化したためであろうか、彼らには神々がもはや威光の失われた存在として映り、それらへの信仰によって、天変地異や疫病などに立ち向かうことは不可能に思われた。それは農耕社会を根底から覆す大問題であり、したがって、威光を回復させるような方策を必要としていたのである。

このように神祇信仰と仏教の習合は、単に宗教間の関係自体が問題なのではなく、地方豪族が農耕を主とする地域社会の諸問題に直面していた時期にとった一つの打開策であったと説明することもできるのである。

神宮寺の建立と寺院による神の勧請

神祇信仰と仏教の習合は、神祇信仰が仏教を引き寄せるか、あるいは、仏教が神祇信仰を引き寄せるかという方向性の違いから二つの現象をもたらした。それが神宮寺の建立と寺院による神の勧請《かんじょう》という二つである。

まず前者の方について説明しよう。神宮寺とは、神祇信仰側が仏教を取り入れて、神社内に建立した寺院のことを指している。前述のように、日本古来の神々は神であることに苦悩し、仏教に帰依して、そこからの離脱を願っていたわけであるが、その苦悩は仏教僧による以下のような一連の宗教行為の実施によって払拭《ふっしょく》されることになる。

その行為とは、まずはその神を仏教徒化することから始まる。といっても神であるから、単なる一信徒として扱うのではなく、大乗仏教で理想化された「菩薩（あるいは大菩薩）」の号を授けることになる。日本の神はこれまで偶像化されることはなかったが、場合によっては、その姿を顕在化するために菩薩像が制作されたりもする。このように、苦悩し救済を求めていたはずの神は仏教の菩薩として、人々を救済に導く存在へと大きく変貌するのである。

つぎに、この菩薩を中心にして堂が立てられ、これが整備されると神宮寺という寺院になる。言うまでもなく、神宮寺はこの菩薩の偉大な力によって人々に安楽を与えるための一大宗教施設として機能することになる。

以上がその宗教行為の大まかな内容であるが、このような役割を担った仏教僧として奈良時代の満願（万巻）という人物がよく知られている。この満願は各地を遊行し、伊勢国の多度神宮寺や常陸国の鹿島神宮寺などの建立に尽力したという。まさしく神仏習合の立役者と言えるであろう。

ここで特筆すべき点は、神祇信仰が仏教を取り入れることで、神々の苦悩が単に払拭されるだけではなく、神々が自らの威光を回復し、人心の信仰を再び獲得するという点にある。その意味で、神仏習合とは、神祇信仰が仏教に吸収されて消滅してしまうのではなく、むしろ、仏教と結びつくことによって、再生することを意味しているのである。

次は後者の方である。こちらは、寺院が新たな場所に建立されるときに、神祇信仰を取り込むようなケースである。それは建立された土地の守護神を寺院の隣接地にそのまま祀る場合が多く(6)、たとえば、最澄が延暦寺を建てたときにはオホモノヌシ(7)、オホヤマクヒの二柱を祀り、空海が金剛峯寺《こんごうぶじ》を建てたときには丹生明神《にうみょうじん》を祀った。いずれの神々もその土地の守護神であり、最澄、空海といえども、その存在を無視するわけにはゆかなかった。寺院の建立もそれらの神々からその土地を使用する許可を得ることではじめて可能になったのである。仏教寺院は土地の守護神を祀ることで、自らの寺院に対する守護神としても取り込んでいったのである。

以上のように、神仏習合は神宮寺の建立と寺院による神の勧請という形で進んでゆくが、一方が他方を支配するというよりは、相互の発展に資するような結びつきであったことが注目されるであろう。

伊勢神宮と仏教

神仏習合によって神社の中に寺院が建立されるという特異な形態が日本の各地で展開してゆくが、そのような状況に対して、神祇信仰の頂点にあると目されていた伊勢神宮はどのように対応したのであろうか。ここでは、この問題を中心にして、伊勢神宮と仏教の関係について考察することにしよう。

言うまでもなく、伊勢神宮は、国家の安寧秩序を祈念するため、皇祖神である天照大御神を祀る日本で最高の格式をもつ神社である。ただし、その成立背景と信仰はけっして単純なものではなく、伊勢神宮は天照大御神を祭神とする内宮《ないくう》と、それは別に、おそらく伊勢地方の土地神であったと思われる豊受《とようけ》大御神を祭神とする外宮《げくう》という二重構造になっており、その拮抗《きっこう》関係のもとに神祇信仰が維持されてきたのである。

この伊勢神宮は国家祭祀の指導的存在として神祇信仰の中心に位置しており、それゆえに、他の神社が比較的容易に、あるいは自ら進んで仏教と習合していったのに対して、仏教との習合に対してかなり抵抗していたことが予想されるのである。事実、神宮寺についても、他の神社の場合、その境内に新たな寺院が建立され、その建立の経緯も比較的明瞭にトレースできるのに対して、伊勢神宮の場合、神宮寺との関係に不明瞭な点が多い。そもそも、神宮寺は伊勢神宮の境内に建立されなかったし、神宮寺成立の経緯は依然として謎につつまれているのである。

伊勢神宮と神宮寺の関係が歴史の表面に出てくるのは、天平神護二年（七六六年）に朝廷が伊勢大神宮寺に仏像を造らせたという記述が初めてであろうと思われる。(8) この記述から「伊勢大神宮寺」と呼ばれる寺院が存在していたことがわかる。ところがなぜか、その翌年に朝廷によって伊勢逢鹿瀬寺《おうかせ》を大神宮寺とするという宣旨（天皇の命令を伝える公文書）が出されている。これは、伊勢神宮の神宮寺のような扱いを受けていた逢鹿瀬寺を公式に神宮寺として認めたということなのであろうか。(9) なお、この事例は神宮寺を官寺（国家が運営する寺院）として位置づけた先駆的なものと考えられている。

当時、朝廷は仏教による伊勢神宮の支配を目論み、その強い圧力のもとに神仏習合を進めようとしていた。その首謀者は、僧でありながら、孝謙上皇（重祚《ちょうそ》して称徳天皇）の寵愛を受けて、政治の実権を握っていた道鏡であった。彼は称徳天皇に働きかけて、既成の寺院を伊勢神宮の神宮寺とし、そこに仏像を持ち込んだものと思われる。しかし、このように極端な伊勢神宮の仏教化政策も道鏡が失脚すると頓挫し、それに加担した宮司も解任された。そして、後任の宮司には古くから神祇を司る氏族とみなされていた中臣氏から任命され、それ以降、中臣氏が宮司の座を独占してゆくのである。

その後、神の祟りがあるとして、逢鹿瀬寺は何度か移築されたり、また、神宮側と逢鹿世寺とが対立抗争を続けたりして、やがて伊勢神宮の神宮寺は歴史からその姿を消すことになる。

大勢から言うならば、神祇信仰と仏教は相互に補う形で積極的に結びついていったのであるが、伊勢神宮のような神祇信仰の中心的な神社の場合、仏教に対抗し、その影響を抑止しようとする動きもあったのである。

仏教における護法善神

ここでは少し視点を変えて、仏を教主と仰ぐ仏教において神という存在がどのように捉えられてきたのかを考察しておくことにしよう。

そもそも、仏教は日本に伝播する前に仏と神の協調関係を確立していたと考えられる。ただし、この場合の神とは日本の神ではなく、インドの神である。ちなみに、ここで「神」と呼んでいるサンスクリット語の原語は「デーヴァ」であって、これまで「天」と訳されてきたものである。

成立当初の仏教は、従来のバラモン教が強調していたような、神々を祀ることによって、よりよい果報が獲得できるという思想と一線を画し、厳しい自己修練を通じて真理を獲得することを目標としていた。ところが、仏教の教勢が拡大して、インド全域で広く受け入れられるに伴って、いわば民衆化が進行し、仏教は、出家者というエキスパートだけがなしうる厳しい自己修練だけではなく、現世《げんせ》利益《りやく》や来世での幸福を願う民衆の要望に応える形で、古より人々に信仰されてきた神々を自らの中に取り込んでいったのである。

ただし、この取り込みは仏教主導で行われ、神々はあくまでも仏法、すなわち、仏教の真理を守護する存在として位置づけられた。特に仏教の守護神として知られているのが梵天（ブラフマー）と帝釈《たいしゃく》天（インドラ）であり、梵天は、釈尊が仏になった後、説法することを躊躇していたのに対して、説法するように勧めたと言われている（いわゆる「梵天勧請」）。帝釈天はインドの宗教聖典『リグ・ヴェーダ』に出てくる代表的な神で、仏教では阿修羅――戦闘を好む鬼神――と戦い、万民の善行を喜ぶ神とされている。

このようにして、仏と仏法を守護する神との混交化現象が進行してゆくが、その傾向は密教化という形で展開する仏教と民間信仰の結びつきによってさらに強まってゆき、インドの多種多様な神が仏教を彩ることになるのである。

そして、仏教はインドからアジアの各地に伝播していったが、仏と神という混交化現象も、伝播した地域にそのままもたらされた。日本にはこうして渡来した神々が全国の至る所に祀られている。たとえば、前述の梵天や帝釈天もそうであるし、他にも大黒天、弁才天（「弁財天」とも表記する）、水天、聖《しょう》天（別名は「歓喜《かんぎ》天」）、さらに、持国天、増長天、広目天、多聞天からなる四天王など多数ある。このような形で仏教に取り込まれてきた神々は「護法善神」と呼ばれてきた。この用語は本来、密教や修験道で僧や行者に使役される神を指していたものであるが、やがて仏教に取り込まれた神々全体を表すようになっていったのである。

成立当初、従来の神々への信仰と一線を画していた仏教は、神々を仏教の守護神として取り込むことで民衆の心を捉えることに成功した。日本でもそれらの神々は現世利益をもたらすものとして信仰されてきたが、日本にはそれとは別の神々が存在していた。仏教はこの日本古来の神々とどのように結びついてゆくのだろうか。そこで注目されるようになったのが「本地垂迹《ほんじすいじゃく》」という考え方である。

本地垂迹説の成立

「本地垂迹」という表現の原義は「本地（＝本体）が迹（あと）を垂れる」ということであり、これは通常、仏教の仏や菩薩が日本古来の神々という仮の姿をとってこの世界に現れるという現象を説明する意味で用いられている。

そもそも、このような発想の原型はインドの大乗仏教思想に広く見いだすことができる。たとえば『法華経』「如来寿量品《ぼん》」にある――歴史上で様々な姿をとって現れる仏は教化のための方便として現れた仮の姿であって、本当の仏は時空を超越して永遠不滅の存在であるという――仏に対する二重構造的な考え方はよく知られているところであろう。また『大日経』も、毘盧遮那仏《びるしゃなぶつ》はこの世に生きる者たちを救済するためにあらゆる姿に身を変えて現れてくると説いている。このような考え方が独自の聖人や神々を信仰している地域に伝播されると、これらの聖人や神々が実は仏の仮の姿なのであるという発想を生み出してゆくのである。これが本地垂迹説であり、特に日本において、平安時代中期以降から広がっていった。

前述のように、神仏習合は仏教主導による形で進められてきた。すべての日本の神々というわけではないが、神身離脱という観念は、神として生まれてきたことを苦悩し、仏の慈悲によってのみ救済される弱い存在として神を位置づけてきた。しかし、新たに広がってきた本地垂迹説の場合、これらの神々の位置づけに対して新しい動向を見いだすことができる。もちろん、あくまでも仏あるいは菩薩が本地であるという点で仏教主導ということは揺るがないけれども、神は従来のように仏によって救済される存在としてではなく、仏の仮の姿——これを「権現《ごんげん》」と呼ぶ——という形でその地位を向上させている。端的に言えば、仮の姿といえ、神は仏や菩薩と同体とみなされるに至ったのである。このような神の地位向上は、日本各地の山岳を舞台に神仏習合を広めていった山岳修行者たちの活躍によるところが大きいと言われている。

この本地垂迹説は瞬く間に全国に広まり、様々な神社に祀られる神々に対して、本地の仏や菩薩を定めるようになった。その代表的な例として、伊勢神宮が祀る天照大御神は大日如来、(10)熊野三所《さんじょ》権現が祀る家都美御子《けつみみこ》神、速玉大神、牟須美《むすみ》大神はそれぞれ阿弥陀如来、薬師如来、千手観音、そして、石清水八幡宮が祀る誉田別《ほむだわけ》命は釈迦如来あるいは阿弥陀如来などといった例が挙げられるであろう。さらに、神社内に本地堂を建てて、その中に「垂迹美術」と呼ばれるような造形品を納めたり、神殿に本地仏を安置したりすることも行われた。

このように神仏習合は、仏を本地、神を垂迹とみなす本地垂迹説という発想を得ることによってますます増強されてゆく。そしてついには、神祇信仰と仏教という二つの異質なものが習合しているというよりも、習合していることこそ常態なのであるという感覚に変わってゆくのである。その後、主の座を仏教から奪い、神を根本に据えようとする神祇信仰側の巻き返しもあるものの、神仏習合という大きな流れは長く続いて行くのである。

二　神仏習合説の形成

神仏習合という現象が進むにつれて、それを理論化する動きも展開した。その動きは特に鎌倉時代に顕著に見られる。本節では特に代表的な神仏習合説として山王神道、両部神道、法華神道の三つを順次紹介することにしよう。

山王神道

山王《さんのう》神道は天台宗で形成された神仏習合説である。ここに出てくる「山王」という語は、天台宗の開祖最澄が唐の天台山に留学した際、そこで祀られている道教系の地主神が「山王」と呼ばれていたことに因んでいると言われており、日本の天台宗では比叡山の地主神である日吉神社の祭神を「山王」と呼んできた。そして、祭神の大比叡（オホモノヌシ）を釈迦如来の垂迹、小比叡（オホヤマクヒ）を薬師如来の垂迹であると捉えて、仏教との習合をはかった。その後、「山王三聖《さんしょう》」「山王七社」などのように、祭神および結びつく神社の数は増大してゆく。

比叡山において神祇信仰と仏教の習合化は天台宗成立の当初から始まっていたと言えるが、それが「山王神道」という具体的な理論として成立したのは鎌倉時代の頃と考えられる。おそらく、平安時代末から大きな広がりを見せつつあった浄土教に対して、天台宗は民間に深く根をおろしていた神祇信仰と積極的に結びつくことで巻き返しをはかろうとしたのであろう。

山王神道説に言及する書としては『耀天記《ようてん》』『山家要略記《さんげ》』『渓嵐拾葉集《けいらんしゅうよう》』などが知られている。これらの書に表れる記述の中で特徴的なものを二つ挙げておこう。

一つは「山王」という語に対する牽強付会《けんきようふかい》の解釈である。これは、「山王」の「山」と「王」という字を分解すると、縦線三本と横線一本、あるいは、横線三本と縦線一本から成り立っていて、いずれも三と一の合体をモチーフとしており、そのことは天台宗が究極的な真理観として説くところの「三諦即一《さんたい》」「一心三観《さんがん》」「一念三千」(11)を象徴している——と捉えるものである。したがって、この解釈によるかぎり、「山王」という概念は天台宗の奥義を端的に表すものと位置づけられることになる。

もう一つは日本と仏教の関わりについてである。神仏習合説は日本の神々を仏や菩薩の仮の姿と捉えるだけでなく、日本という国土をも仏教的に捉えようとしている。前述の『渓嵐拾葉集』では、『古事記』における日本国土生成の記述と大日如来を結びつけ、日本は大日如来が天の逆鉾を海中に入れたとき、泡が凝固してできたとされる。したがって、「大日本国」という呼称は、国土を讃える美称ではなく、「大日（如来）の本国」であると位置づけられることになる。

率直に言えば、これらは単なる語呂合わせのようなものにすぎないとも言えるが、天台宗ではこのような解釈を与えることで、天台宗と神祇信仰を結びつけようと意図したのである。

なお、江戸時代に天海が創始し、徳川家康を東照大権現として祭り上げる理論的な根拠となった山王一実神道は、この山王神道を元に展開したものであるが、習合神道説としては、両者は区別されるべきである。

両部神道

これに対して、両部神道(12)は空海が創始した真言宗という密教の一派によって形成された神仏習合説である。そもそも密教では、その教義を「曼陀羅《まんだら》」（密教的用法では、曼陀羅は「本質をもつもの」を意味する）と呼ばれる、大日如来を中心に諸尊（仏、菩薩、インド発祥の神々など）を空間に配置した図によって示すが、「両部」という概念はその曼陀羅を代表する「胎蔵界曼陀羅」「金剛界曼陀羅」を総合した両部曼陀羅(13)に由来するものである。このように二つの曼陀羅を一対にする形式は空海が密教を学んだ唐代の密教僧恵果《えか》の着想によるものとも言われているが、明確なことは分かっていない。

両部神道はこの両部曼陀羅を中心に展開し、鎌倉時代に理論化されていった。そして、その代表的な理論書として空海作と仮託されている『麗気記』が作られている。

両部神道では、胎蔵界曼陀羅の中心にある大日如来を伊勢神宮の内宮に祀られている天照大御神の本地として、金剛界曼陀羅の中心にある大日如来を伊勢神宮の外宮に祀られている豊受大御神の本地として位置づける。そして同時に、内宮と外宮の両者は、大日如来を本地としている点で究極的には平等一体であると主張する。この教義は「二宮一光《にくういっこう》」と呼ばれている。ここでは、密教のもつ胎蔵界と金剛界という二重性と日本神祇信仰の頂点をなす伊勢神宮の内宮と外宮という二重性が重ね合わせられており、日本の神祇信仰を曼陀羅によって解釈し直すことが両部神道の真骨頂と言えるであろう。

このように両部神道は密教と日本の神祇信仰に接点を見いだし、その習合化を推進していったが、そこで効力を発揮したのは、二つのものが究極的に一つであるという前述の類比関係に見いだされるような「数的な類比」とでも言うべき発想である。その他にもたとえば、『日本書紀』の神話で最初に現れるクニノトコタチ、クニノサツチ、トヨクムヌの三神を法身《ほっしん》、報身《ほうじん》、応身《おうじん》という仏教の三身説に当てはめて、その三神が一体になったものが大日如来であると解釈したり、『日本書紀』の神話で最初に現れた神からイザナキ、イザナミまでを「神世七代《かむよななよ》」と呼ぶが、それを釈迦とそれ以前に出現した六人の仏を合わせた「過去七仏」と同一視したりしている。さらに、この「七」という数は陰陽道が説く「七星」（北斗七星）と結びつけられ、陰陽道とも習合していった。このような類比は理論的な深みはあまりもたないものの、その半面、民衆には受け入れやすいものであり、このような操作を通じて、密教は神祇信仰との結びつきを強化することに成功したのである。

両部神道は代表的な仏教系神道説として流布し、「両部神道」という呼称も、両部曼陀羅という本来の由来を超えて、神道と仏教という両部を習合する神道という意味に拡大解釈されていった。その後、三輪大明神を伊勢皇大神の上位に置く形で位置づけようとした三輪流神道や大日如来の垂迹である天照大御神を絶対視し、それへの信仰によって成仏可能である主張した御流《ごりゅう》神道などの分派が形成されていった。

法華神道

法華神道は日蓮宗で盛んになった神仏習合説で、日蓮宗における所依の経典である『法華経』を中心にして神祇信仰を捉えようとするものである。そもそも日蓮宗は鎌倉時代に成立した新しい仏教の宗派の中でももっとも積極的に神祇信仰を取り込んでいるが、それは開祖である日蓮に由来するものであると言える。

日蓮は、『法華経』で示された真実を文字で表す曼陀羅を考案して、布教の手段として用いた（ただし、文字ではなく、図絵で描写する曼陀羅も存在している）。この曼陀羅は特徴的な筆致で墨書されているものであり、その中心には『法華経』に帰依するという意味の「南無妙法蓮華経」という文字が記されている。そして、その周囲には様々な如来や菩薩、インド起源で仏教に取り込まれた神や鬼神、天台大師（智顗《ちぎ》）や伝教《でんぎょう》大師（最澄）などの祖師、天照大御神、八幡大神《はちまんおおかみ》、四天王が配置されている。この曼陀羅は、『法華経』において説かれた正しい教えを、如来、菩薩、諸神などといった諸尊が守護するという構成になっているのである。

ここで現れる天照大御神と八幡大神は日本の神々全体を表そうとしたものと考えられている。『法華経』を守護する存在として日本の神々を位置づけていることから、その発想は仏教に見られる護法善神の系譜に属すると言えるであろう。そして、日蓮においてそれは『法華経』という具体的な経典の守護という形で展開したのである。

日蓮宗ではその後も神祇信仰との積極的な結びつきが試みられ、日蓮の弟子であった日像の頃、三十番神説が提唱されるに至った。この三十番神説とは一ヶ月三十日の間、三十の神々が一日交替の当番で『法華経』を守護するという説である。元々は天台宗で行われていたもので、最澄がそれを初めて祀ったとも、円仁が、写経した『法華経』を「根本如法堂」と呼ばれる堂に安置し、日本国中から主要な神を三十選んで一日ずつ守護に当たらせたとも伝えられている。おそらく日像は、比叡山で行われている三十番神の信仰を取り入れることで、京都での布教活動を円滑に進めようとしたものと思われる。

三十番神にどの神を入れるか、あるいは、どの神が三十日のうちの何日目を担当するかなど、三十番神説も多種多様である。日蓮宗の三十番神説は「法華経守護三十番神」と呼ばれるものであり、日本の代表的な神々に、比叡山関係の神々が加えられて構成されている。

その後、吉田神道（「唯一神道」とも言う）を興した吉田（卜部《うらべ》）兼倶《かねとも》は、三十番神説が卜部家で考案されたものであると主張して、日蓮宗が説く三十番神説に対する天台宗からの影響を問いただした。これに対して日蓮宗の日具は、天台宗からの影響を完全に否定し、吉田神道と連携しながら、三十番神説が日蓮宗独自の考え方であると主張した。

中世以降、日蓮宗は三十番神説をほぼ独占することになり、新潟県柏崎の番神堂を初め、日本各地の日蓮宗寺院に番神堂が建立されることとなった。

三　神仏習合に関連する諸信仰

この節では、神仏習合と密接に関係する形で発展した信仰の中でも、特に知られていて、なおかつ、本書の他の章で扱われていないものを選び出し、紹介することにしたい。それは熊野信仰、稲荷信仰、そして、地蔵信仰である。

熊野信仰――「浄土」としての熊野

熊野は紀伊半島南部にある山岳地域一帯のことを指している。奥深く鬱蒼としたこの地域は古より生と死の境目、すなわち、死者の世界への入口とみなされてきた。やがてこの地に、家都美御子神、速玉大神、牟須美大神の三神を中心に神々が祀られるようになり、現在、「熊野本宮大社」「熊野速玉大社」「熊野那智大社」と呼ばれている三つの神社が設けられた。この三社はそれぞれ「本宮」「新宮」「那智」とも言われ、総称して「熊野三山」「三所権現」とも呼ばれている。

熊野は元々聖地であったが、それが「熊野信仰」と呼ばれるような民衆信仰へと発展していったのは仏教との結びつきによるところが大きい。以下ではその具体的な内容に触れてみよう。

平安時代に入ると、奈良の南部にある大峰山脈が山岳修行の霊場として栄えたが、大峰山脈の南に連なる熊野も山岳修行の場として注目された。この熊野に入っていったのは主として天台宗の僧たちであり、それによって、『法華経』とともに広まった観音信仰が浸透し、さらに、平安時代に主として天台宗の僧によって展開された浄土信仰も浸透していった。前者の観音信仰では、観音菩薩が人々を救済し補陀落《ふだらく》浄土(14)という理想の地に導いてくれると信じられており、また、後者の浄土信仰では、阿弥陀仏が人々を西方極楽浄土に導いてくれると信じられている。これらの信仰が、死者の世界への入口として古よりイメージされてきた熊野に投影されることにより、熊野から臨む南海の彼方に補陀落浄土があるとか、本宮が極楽浄土、新宮が浄瑠璃《じょうるり》浄土(15)、結宮が補陀落浄土であるとして、熊野そのものが浄土であるとか、考えられるようになったのである。

それらに連動する形で本地垂迹説が受け入れられ、前述した三神のうち、本宮の家都美御子神は阿弥陀如来、新宮の速玉大神は薬師如来、那智の牟須美大神は千手観音を本地とする権現であるという解釈が生まれ、広く信じられるに至った。

このように熊野は死者の世界への入口という元来のイメージを生かしつつ、それを仏教の理想境である浄土という観念と一体化させることに成功したのである。

さらに、この熊野信仰の隆盛に拍車をかけたのが皇室の帰依であった。その嚆矢《こうし》となったのが宇多上皇の帰依で、仏教を熱心に信仰して自らも出家した。この宇多上皇は山岳修行の霊場である熊野に参詣した。これが「熊野御幸《ごこう》」の始まりである(16)。その後、宇多上皇の例にならって熊野御幸が恒例化し、白河上皇は九回、鳥羽上皇は二十一回、後白河上皇に至っては三十四回にも及んでいる。このように皇室が篤く帰依することにより、貴族たち、さらに庶民たちも熊野巡礼を盛んに行うことになり、

「蟻の熊野詣で」――蟻が作る行列のように、多くの人々が隙間もないほどに行列を作って詣でる様子――と言われるほどであった。また、熊野側も、熊野聖《ひじり》や熊野比丘尼《びくに》による各地への布教活動や芸能活動を行って、民衆を熊野信仰と結びつけることに意を用いた。その結果、熊野は日本中世最大の巡礼地となったのである。

稲荷信仰――仏教系稲荷の誕生

稲荷信仰は日本でもっとも浸透している神祇信仰ということができる。稲荷神社の数は日本全国で三、四万社あるとも言われ、日本の神社の中でも有数の規模を誇っている。なぜこれほどまでに広まっていったかというと、それは稲荷信仰が日本人にとってもっとも身近な現世利益的信仰となることに成功したからである。現世利益とは、あの世ではなく、この世で得られる福徳のことであり、健康、病気快癒、商売繁盛、家庭円満などを指している。それは現代のわたしたちにとっても切実な要求であろう。稲荷信仰はこれらの現世利益的な要求を叶えてくれる神として、人々の信仰を獲得していったのである。

そもそも稲荷信仰の起源は稲を中心とする食物の豊作を願う信仰にあると考えられている。言うまでもなく、日本人にとって主食の米をもたらす稲はもっとも重要な作物であり、古より稲には霊的存在（「稲霊《いなだま》」と呼ばれる）が宿っていると信じ、神聖視した。そのような原初的な信仰がやがて穀物などを司る食物神としてイメージされるようになっていったのである。稲荷信仰の「稲荷」とは「稲生《な》り」という語が変化したものと言われており、[17] オホゲツヒメ、ウカノミタマ、[18] ウケモチ[19] のように、日本神話に登場する食物神の大半を吸収し、自らと同一視することで、やがて稲荷神は食物神としての不動の地位を確立するのである。

食物を通じて広がった稲荷信仰はその後、様々な信仰と結びついて複雑に展開してゆく。その特徴から稲荷信仰を様々な形態に分類することが可能であるが、ここでは神仏習合という点に注目して、特に仏教系稲荷について扱うことにしよう。

稲荷信仰と仏教の接点は、仏教を通じて日本に伝来した「ダーキニー」という女神が稲荷神と習合したことに始まると言える。ダーキニーは人間を食らう恐ろしい鬼神であったが、仏教に帰依してその守護神となり、大日如来から人の死を六ヶ月前に知る能力を与えられたとされる。この神を信仰することで自在の力を獲得できるとして、特に密教で信仰されてきたが、この神が稲荷神と結びついてゆくのである。

習合の過程は複雑であるが、習合するに至った理由は二つある。その一つは、ダーキニーが元々農業神であり、それが食物神であった稲荷神と結びついた点が挙げられる。もう一つには、ダーキニーが狐に乗った姿で描かれることで、狐と密接な神とみなされ、そのことと狐を神の使いである霊獣とみなす信仰とが結びついた点が挙げられる。[20] 狐は元々神の眷属や使者であったが、やがて神そのものともみなされるようになった。ダーキニーは「白晨《びゃくしん》狐王《こおう》菩薩」という別称をもち、稲荷神については、「オホゲツヒメ」や「御饌津《みけつ》神」と狐の古名「ケツ」を結びつけて、「大狐姫」や「三狐神」と呼ばれることもある。

このように、食物神として信仰され、その後、あらゆる福徳をもたらす神として民衆の信仰を獲得していった稲荷神は、ダーキニー信仰を通じて仏教との結びつきを強めていった。日本三大稲荷の一つに数えられている豊川稲荷（曹洞宗の寺院）はこの仏教系稲荷の代表的な存在であり、その稲荷神像とは、狐に乗り、剣をもったダーキニーそのものである。

地蔵信仰――境界神としての地蔵菩薩

地蔵（サンスクリット語でクシティガルバ。「地蔵」はその漢訳）は元来、「プリティヴィー」というインドの女神で、大地の恵みを神格化した農業神である。それが守護神として仏教の中に取り入れられ、やがて地蔵菩薩となっていった。

地蔵信仰を説く『地蔵十輪経』の記述によれば、地蔵菩薩は釈迦如来が入滅し、その五十六億七千万年後に弥勒菩薩が現れるまでの、いわば教主不在の期間を補う中継ぎ的な役割を与えられており、六道輪廻の中で苦しむ者たちを様々な姿になって救済する存在として位置づけられている。

この地蔵信仰はインドよりも仏教が伝播していった東アジア地域で盛んに受け入れられた。唐では終末的な世界観が人心を捉え、その流れに乗って教勢を拡大した三階教《さんがい》(21)により地蔵信仰が広められた。地蔵菩薩こそ悪世にふさわしい教主であると喧伝されたのである。日本にも奈良時代頃にその信仰が伝来したが、すぐには受け入れられなかった。日本で地蔵信仰が本格的に広まったのは、浄土教が盛んになり、極楽浄土との対比のもと、『往生要集』に描写されたような恐ろしい地獄観が人々に浸透していった平安時代中期以降である。地蔵菩薩は地獄に堕ちようとしている人々に成り代わって、その責め苦を受けてくれる存在として人々の信仰を獲得していったのである。

日本において展開した、地蔵が苦しむ者に成り代わるという発想はやがて身代わり地蔵という独特な形態を生み出した。人々の抱える苦難は多種多様であり、それに伴って、護身地蔵、首斬り地蔵、頬焼け地蔵など、様々な用途に応じた身代わり地蔵が造出されていった。

またそれ以外にも、この身代わり地蔵に先行する形で、「子安地蔵」「子育て地蔵」などのように、地蔵が子供を救済するという信仰も広がったり(22)、地獄との結びつきを強めた地蔵がやがて冥界の王である閻魔大王と同一視されたりするようにもなってゆくのである。

神仏習合という点からとりわけ注目されるのは、集落と外部の境にあって、集落を邪霊の侵入から防ぐ役割をもつ境界神と習合したことである。具体的な境界神としては岐神《ふなとのかみ》、塞神《さえのかみ》、道祖神などが挙げられるであろう。そのうち、岐神は『日本書紀』の記述によれば、イザナキがイザナミに別離を言い渡したときに投げた杖とされ、塞神はそれが境界神としてよりはっきりと変化したものである。道祖神は道々に潜む邪霊から旅行者の安全を守る神であったが、やがて岐神、塞神と同一視されるようになったと考えられている。これらの境界神と地蔵が習合していった理由は、境界神が集落を外部から守る役割をもっていたことと、地蔵がこの世と地獄の境目にいて、人々が地獄に堕ちることから守る役割をもっていたこととが類似していたからであろう。この習合によって、地蔵は集落の境界に立てられ、その集落を守護するという新しい性格を獲得したのである。

このように地蔵信仰は実に多種多様な展開を見せている。柔和な姿で人々に成り代わってどんな苦しみも引き受けてくれるという地蔵は、その親しみやすさから、日本人にとってもっとも身近な存在として信仰されてきたのである。

第六章　地獄の表象――『往生要集』の地獄描写――

一　「地獄」という観念

地獄とは何か

地獄は他界――日常世界とは異なる世界――を表す観念の一つである。通常、他界は神々の住む世界や死者の赴く世界などとしてイメージされているが、特に後者の死者の世界（これを「冥界」とも言う）が、善悪の倫理観と結びつくと、善人が赴くべき安楽に満ちた天国と、悪人が赴くべき苦痛に満ちた地獄の二つに分化してゆくのである。

そもそも「地獄」という語はサンスクリット語の「ナラカ」「ニラヤ」が漢訳されたもので（「地下の牢獄」という意味。音写して「奈落」「泥黎《ないり》」などとも表記される）、仏教の伝播とともに日本や東アジアの漢字圏へともたらされた。しかし、たとえばキリスト教における「ゲヘナ」(1)、イスラム教における「ジャハンナム」(2)のように、悪人が赴くべき苦痛に満ちた死の世界を想定することはインドの宗教に限らず、世界の様々な宗教において幅広く見いだされるものである。ここでは「地獄」という語でそれらの全体を言い表すことにしておこう。

ではなぜ、世界の諸宗教において地獄という世界が構想されるようになったのか。それについては主に二つの理由が挙げられるであろう。

まず第一は、宗教が日常世界の倫理を支配するという理由からである。天国と地獄の分化は当然のことながら、そのどちらに進むべきかを判定する死後の審判という考え方を前提としているが、その審判は通常、この世でどのような行為をしてきたのかということに基づいてなされる。したがって、地獄という世界の存在を説く宗教は、死後の審判でよりよい判定を受けるために、自らの教義に適うような善行を推進し、悪行を抑止させようとする。このようにして、宗教が日常世界の倫理を支配することが可能になるのである。

第二は、善人が報いられず、悪人が栄えるという矛盾を解消するという理由からである。日常世界では、善い行いをしたにもかかわらず悲惨な運命をたどったり、逆に悪行三昧の人間が安楽な生涯を全うしたりするということがありうる。もし、この世だけで生涯が終わるのであれば、この矛盾は解消されないままであるが、魂の不滅性を前提にして、この世とあの世に連続性を見いだしてゆくならば、この矛盾はあの世で解消されるという説明が可能になる。つまり、悲惨な運命をたどった善人はあの世で必ず天国に生まれるなどして報われるし、悪人はこの世における悪行を清算するために地獄で苦しむことになるのである。善悪とその報いについてのこのような質的一貫性は、宗教が説く倫理にある程度の説得力を与えることになるであろう。

死者の世界はそれだけでも生者にとって畏怖の対象となるような世界であるが、その世界に宗教の教義に基づいた日常世界の倫理が投影されて、単に畏怖すべき世界としてだけではなく、この世の行い――特に悪行――の対価を支払うべく生み出された凄惨な世界こそ、地獄にほかならない。

この地獄にどの程度の比重を置くかは各宗教によって様々であるが、その凄惨な世界をもっとも克明に表象した宗教の一つに仏教を挙げることができるであろう。

仏教における地獄像

仏教における地獄像はインドに元々存在していた地獄像の影響を大きく受けている。インド元来の地獄像の源泉は最古の宗教文献『リグ・ヴェーダ』にまで遡ることができるものであるが、当初の地獄は地下にある暗い世界という程度の素朴なものであったと思われる。それが業報の思想、すなわち、現世における自らの行いが来世において報いを生み出すという考えと結びついて、悪行に応じた様々な地獄が考え出され、そこで受ける責め苦も克明に描写されるようになっていった。仏教における地獄像はこの多種多様な地獄の観念を受容して成立したものと言える。

仏教では地獄を六道、あるいは悪趣の一つとして位置づけている。前者の六道とは自らの業によって生と死を繰り返す「地獄」「餓鬼」「畜生」「阿修羅」「人間」「天」という六種の世界であり(4)、その中でも地獄はもっとも苦痛に満ちた世界として表象されている。後者の悪趣とは自らが犯した悪行のために赴かなければならない苦しみ世界のことであり、通常、六道の中では地獄、餓鬼、畜生の三つがそれに該当するが（これを「三趣」または「三悪道」と言う）、輪廻を繰り返すことそのものを苦しみと捉えるならば、六道すべてを悪趣とみなすこともできるであろう（この場合「六趣」となる）。いずれにせよ、地獄は輪廻の世界において最悪の場所として捉えられているのである。

仏教で様々に説かれる地獄の中でも、もっともよく知られているのが、八種類の地獄を想定する説であろう。八種類の地獄は空間を上下して存在しているとイメージされており、そこで受ける責め苦の厳しさはより下層にある地獄ほど大きくなっている。この八種類の地獄は「八大地獄」や「八熱地獄」と総称され、その名の通り、火や熱による責め苦を中心としている地獄群である。この八地獄の各々にはさらに十六の「別処」が付随しており、それらは「小地獄」「増地獄」「副地獄」などとも呼ばれることもある。(5)

なお、八熱地獄に対比して「八寒地獄」と呼ばれるものも考えられているが、この八寒地獄は元々八種でも、寒さを責め苦の中心とするのでもなく、仏教が前述したインドの地獄像の影響を受けることで、地獄の責め苦を、熱責めを中心にして編成しなおした結果、それに合致しない従来の地獄を八寒として別に立てたのではないかと考えられている。

以上がインド仏教において展開した地獄像の概略であるが、仏教が東アジア地域に伝播してゆくと、この地獄像に新しい要素が加わってゆくことになる。すなわち、民族宗教の一つである道教と習合することで、インドにおいて冥界の支配者とされるヤマ王（すなわち、閻魔大王）が地獄の裁判官である十王の一人として位置づけられ、死者はその罪業を、死後の経過年月に応じて、この十王によって裁かれるという地獄像が成立するのである。[6]

日本には、仏典の将来という形でもたらされたインド仏教の地獄像と東アジア地域で新たに展開した地獄像が同時平行的に伝播し、さらに、それが日本古来の冥界観とも交錯してゆくことになる。その具体的な姿については次項で改めて触れることにしよう。

黄泉つ国と地獄

ここでは源信の『往生要集』が現れるまでの地獄像とその周辺について触れることにしよう。その場合、黄泉《よも》つ国と地獄の関係が問題になるであろう。

古来の日本では「黄泉つ国」と呼ばれる冥界、すなわち、死者の世界の存在が信じられていた。その読み方の「よみ」は「やみ」（闇・夜見）、あるいは「やま（山）」の変化であるとも言われている。[7]『古事記』には死んでしまったイザナミを慕って夫のイザナキが黄泉つ国に赴く記述があるが、それによると、黄泉つ国は暗く、おぞましい世界として描写されている。おそらく、それは死者の身体とそれを葬った墓地への恐怖心から連想されたイメージだからであろう。イザナキは黄泉つ国とそこに住むイザナミの姿の恐ろしさに驚き、黄泉つ国から逃げ帰ってしまった。そして、黄泉つ国で食物を口にしたためにもはや生者の世界に戻れなくなった[8]イザナミは「黄泉つ大神」と呼ばれ、死者の世界を司る神へと変貌してゆくのである。

黄泉つ国については、従来考えられてきたような死者の世界ではないという指摘もなされているが、イザナミは死ぬことで、自らの意に反して、夫と離れ、黄泉つ国に行かなければならなかったのであり、その意味で、やはり黄泉つ国は死者が赴かなければならない死者の世界と言わざるをえないであろう。死者の世界でないとすれば、そこに住まなければならない理由もないのである。

一方、黄泉つ国の空間的な位置について、『古事記』では明らかに生者の世界と地続きにあると捉えており、両者は黄泉つ比良坂に置かれた千引《ちびき》の石《いは》によって隔てられているにすぎない(9)。その意味で、生者の世界と死者の世界を断絶した関係とは見ていない。死は生と間近に隣り合うものとしてイメージされていたということであろう。ただし、『古事記』には「根の堅州国《かたすくに》」という観念もあり、これはコンテキスト上、黄泉つ国と同一のものと考えられる。この「根の堅州国」という表現に奥底というニュアンスを読み込むこともできるであろう。とすれば、死者の世界が生者の世界よりも空間的に下層にある世界として捉えられる余地も残していると言える。

黄泉つ国とはおおよそ以上のようなものであるが、『古事記』で説かれているような黄泉つ国は、あくまでも生者の世界に連続した死者の世界という理解にとどまっており、その意味で、現世での行為の報いを受ける場として位置づけられる地獄のような発想はまだ生じていなかったと言えるであろう。日本において地獄の観念が形成されるためには仏教の伝播を待たなければならなかったのである。

日本に伝播した仏教の地獄像はやがて、死者の世界としてイメージされてきた黄泉つ国の観念と結びついてゆくことになる。その現象は第三章で触れた、平安時代初期頃に成立した『霊異記《りょういき》』において確認され、その上巻の第三十話では、膳臣《かしわでのおみ》広国という人物が黄泉つ国を往還した話が説かれている。その黄泉つ国には、拷問を受けていた妻や父の姿があり、黄金の宮殿に住む閻魔大王らしき王も登場している。したがって、すでにはこの頃には、日本古来の死者の世界としての黄泉つ国は、仏教的な地獄と習合し、それに吸収されるようになっていたと考えてよいであろう。

地蔵十王信仰の成立

仏教の伝播によってもたらされた地獄という観念は日本において様々な信仰を生み出していった。ここではその代表的な事例として地蔵十王信仰を取り上げることにしよう。

前述したように、十人の王が特定の日数ごとに順番で死者の罪業を裁くという十王信仰がすでに成立したが、これは、道教を中心とする民族信仰で広まっていた冥界信仰と仏教とが習合して成立したものである。十王の一人にインドのヤマ王が加えられ、やがて閻魔大王を中心とする死後の審判という発想へと展開してゆくのである。

他方、これも第五章の第三節で述べたことであるが、日本では、仏教の伝播によってもたらされた地蔵菩薩を仏教信仰の重要な位置に据えて、この菩薩への信仰を独自に発達させていた。地蔵菩薩は境界神として、旅人や集落を邪霊から守り、また、地獄に堕ちるような悪行を犯した者さえも救おうとする慈悲深い存在として信仰されていた。

地蔵十王信仰とは、この十王信仰と地蔵信仰が結びついたものであり、具体的には地蔵菩薩を、十王に取り込まれた閻魔大王の本地《ほんじ》（本来の姿）として位置づけようとする信仰である。この信仰は閻魔大王に、極悪人を厳しく裁く冷徹さだけでなく、自らの悪行によって地獄に堕ちるしかないような者にさえ救いの手を差しのべる慈悲深さを見いだそうとするものと言えるであろう。

この信仰の原型はすでに『霊異記』や『今昔物語集』などの平安時代の文献にも見いだされ、地蔵菩薩が地獄に堕ちようとしている者を救済する説話があるが、この信仰を広めるのに中心的な役割を果たした文献が『地蔵十王経』（正式名『仏説地蔵菩薩発心《ほっしん》因縁十王経』）である。「経」と呼ばれる以上、これは仏の説いた「仏説」ということになるが、実際には、鎌倉時代に日本で成立したものと考えられている。一般にインド以外で作られた経典は「疑経《ぎきょう》（または偽経）」と呼ばれており、(10)したがって、この経典は日本で作られた疑経ということになるであろう。それはともかく、地蔵十王信仰は日本で生まれ、独自に展開してきた信仰であると言える。

この『地蔵十王経』は死者への追善供養の重要性を強調している。死者は十王による審判を段階的に受けることになるが、追善供養をしてもらえなかった死者は早い時期にその罪業に基づく判決が確定してしまうのに対して、追善供養をしてもらった死者は、罪業が軽減するため、判決が先送りになる。その過程を繰り返せば、地獄などの悪しき世界に堕ちることを免れ、最終的には成仏することも可能になる。初七日《しょなのか》、三回忌《き》などの法事はこの追善供養のことを指しているのである。

『地蔵十王経』の記述は、後述する『往生要集』の記述とともに、その後の日本における地獄像の形成に大きな役割を果たしてきた。その意味で、地蔵十王信仰は日本で独自に発達してきた地獄に関する思想的、信仰的な営為の成果と言えるであろう。地獄の存在をリアルなものとして捉えていた日本人は、地獄に堕ちようとする悪人さえも救済されることを信じ、追善供養にその可能性を見いだしていったのである。

二　『往生要集』について

著者の源信

本章の第二節以降では、日本における地獄観の形成に決定的な影響を与えた『往生要集』という書に焦点をあてて、その地獄描写について取り上げることにする。そこでまず『往生要集』の著者源信について説明しておこう。源信は仏教の熱心な信者であった母の希望に従って幼少の頃比叡山に入り、十三歳で得度受戒、良源に師事した。良源は天台座主となり、天台宗中興の祖と言われた人物である。やがて源信は仏教教理の研究で頭角をあらわし、法華会の広学竪義《こうがくりゅうぎ》を担当するなどして名声を獲得するようになる。広学竪義とは『法華経』について自らの見解を提示し、質問者が質疑を出して議論するというもので、その役（竪者《りっしゃ》）に選ばれることは学問僧の栄誉とされていた。

しかし、源信は約束された将来を捨てて、突然、横川《よかわ》に隠棲してしまう。その理由は定かではないが、一説には、宮中での講義などで得た贈り物を母に与えようとした際に、その母からの返事に、世俗の名利に目を奪われず、聖者のように清らかに生きてほしいとあり、身につまされて、その説諭に従ったためであるとも言われている。母の手紙には「後の世を渡す橋とぞ思ひしに世渡る僧となるぞ悲しき」（あなたには、人々を教え導いて、救いの世界へと橋渡す人物になってほしかったのに、世渡り上手な僧になってしまったことは悲しいことです）という歌が添えられていたと言う。

このように源信は世間的な名利を離れて隠棲生活を歩んでゆくことになったが、仏教教理への探求心はますます盛んになっていった。具体的に言えば、「因明《いんみよう》」(11)に対する研究の成果として『因明論疏《ろんしよ》相違略釈』を著したり、念仏を天台教学の中で正当に位置づけようと試みた『観心《かんじん》略要集』などを著しており、また、入宋する弟子に自ら著した『天台宗疑問二十七条』を託して、仏教教理に関する疑問点などを宋の代表的な天台学者であった四明知礼に尋ねたりもしている。

しかし何と言っても、源信の名を不朽のものにしたのは『往生要集』である。『往生要集』は源信が四十四歳の時の作で、浄土信仰をもっとも体系的に示した念仏指南の書として、多くの人々に受け入れられてきた。その内容については改めて後述しよう。

この『往生要集』に従って念仏を実践しようとする「二十五三昧会《さんまいえ》」という念仏結社が横川首楞《しゆりよう》厳《ごん》院の僧たちによって結成されたが、源信はこの結社に対して『二十五三昧式』という規則を与えて、その運営を導いた。また、二十五三昧会の行事として、参加者たちが仮面をかぶって、阿弥陀仏が二十五人の菩薩を伴って衆生を救うために来迎する場面を劇として演じた「迎講《むかえこう》」（「迎接会《ごうしようえ》」とも言う）も、源信が創始したといわれている。

源信はこれらの活動によって日本浄土教の始祖として仰がれており、浄土思想の展開に大きな足跡を残した。後に親鸞が『正信念仏偈《しょうしんねんぶつげ》』（略称『正信偈』）の中で浄土真宗相承の七高僧（七高祖）の一人として源信を挙げ、その功績を賞賛している。

源信は横川の恵心院に居住し、かつ権少僧都《ごんのしょうそうず》（ただし翌年に辞退）に任じられたので、「恵心《えしん》僧都」とも呼ばれている。『源氏物語』「宇治十帖」に出てくる「横川僧都」は源信をモデルにしているとも言われているが、真偽のほどは不明である。

『往生要集』の内容

『往生要集』という書名は、往生に関する経論(12)の記述から重要なものを集めたものという意味である。この書はおそらく長年の構想を経て執筆されたものと予想され、その構成は実に整っている。すなわち、それは満数である十の章に区分され、往生の意義、往生の方法などが順序よく説かれているのである。以下では『往生要集』の内容を概観することにしよう。

まず第一章「厭離穢土《おんりえど》」、第二章「欣求浄土《ごんぐじょうど》」、第三章「極楽証拠」の部分では、「穢土」、すなわち、衆生（生きとし生けるもの）が生々流転を繰り返し続ける六道輪廻(13)の世界がいかに悲惨で苦痛に満ちているか、そして、それに対比して、極楽浄土のすばらしさを指摘し、穢土を離れ、浄土に赴くこと――つまり、往生すること――の重要性を説いている。さらに、仏教では「十方浄土」と言うように、無数の浄土が存在すると考えられているが、その中でも極楽浄土こそ往生するにもっともふさわしい場所であると主張している。

第四章「正修《しょうしゅ》念仏」、第五章「助念方法」、第六章「別時念仏」、第七章「念仏利益《りやく》」、第八章「念仏証拠」の部分では、念仏を往生するための不可欠な方法として捉え、その行い方、行うことによって得られる功徳、念仏だけを勧める理由などについて説明している。その説明は初心者にも容易に実践できることが常に念頭におかれていて、具体的かつ懇切丁寧なものになっている。

ところで、「念仏」と言うと、わたしたちは「南無阿弥陀仏」と称えること、あるいは「南無阿弥陀仏」という文句そのものを思い浮かべてしまうが、「念仏」は元々仏徳を思念することと同じとみなされた。それが仏教の歴史において多様に展開してゆくのであるが、通常、観想念仏と称名《しょうみょう》念仏に大別されている。前者は、仏の姿を思念するものであり、仏の姿をどのように思念するかによってさらに細分化されてゆく。これに対して、称名念仏の方は仏や菩薩の名を称えることで讃歎するものである。源信の場合、称名念仏にも言及し、誰もが容易に行うことのできるものとして評価しているが、基本的には観想念仏の方に重点を置いている。それは、念仏独自の重要性を強調しているとは言え、源信が天台教学を前提にして思索を展開していることと無関係ではないであろう。天台教学には「止観」と呼ばれる伝統的な瞑想法があり、念仏はこの止観によって得られる精神集中の状態（三昧）で仏を観想することを第一義とするのである。

第九章「往生諸業」（「往生諸行」とも言う）は、念仏以外の修行の必要性に簡潔に触れるもので、最後の第十章「問題料簡《りょうけん》」は、問題になりそうなテーマを予想し、問答形式でそれに答えるというものである。

以上のように『往生要集』の内容について概観したが、その特色を、膨大な引用資料を駆使しながら、極楽往生こそ仏道修行の最終目的であり、かつ、従来は修行の一方法として扱われてきた念仏をこの極楽往生にとって不可欠なものと位置づけることで、念仏を中心においた新しい仏道修行のあり方を確立しようと試みた点――に求めることができるであろう。

三　地獄の具体相

地獄の全体像

『往生要集』における地獄の記述は仏典に見られる諸説を取捨選択するという形で展開されている。その意味で、その特色は、従来の思想家には見られなかったような独創性にではなく、諸説をバランスよく摂取する総合性にこそ求めるべきであろう。源信は仏典における様々な地獄の描写を渉猟し、それを整合的に一つの体系としてまとめ上げたのである。そして、その整合的な体系が実に見事で、人々に地獄の恐ろしさを痛感せしめたために、その後の日本の地獄観に決定的な影響を与えたと言えるのである。

『往生要集』における地獄の記述は、「穢土から浄土へ」という基本コンセプトのもと、穢土の具体的な様相である六道輪廻の第一番目として登場してくる。ここではまず、「八大地獄」と総称される個々の地獄の具体的な様相に触れる前に、地獄の全体像について簡単に説明することにしよう。

前述のように、仏教における地獄は、一種の心象世界として開けてくるような精神的な存在でもなく、また、実質を伴わない単なる比喩的な存在でもない。それは空間にしかるべき位置を占めている物質的な存在として構想されている。そのことは『往生要集』においても継承されている。すなわち、地獄は「三界《さんがい》」(14)（欲界、色界、無色界）と呼ばれる三つの世界の中の欲界の領域に属しており、同じく、欲界に属している「閻浮提《えんぶだい》」という、わたしたちが住んでいるとされる世界の真下に重層的に存在していると理解されているのである。欲界は色界とともに物質的に捉えられる存在であり、その意味で地獄はリアルな存在と言えるのである。

現代に生きるわたしたちが『往生要集』の説く地獄をそのまま受け入れることは難しいが、その記述に接して、思わず引き込まれてしまうような描写の生々しさを否定することはできないであろう。あの世的な世界がリアルに信じられていた古代においては、この地獄の描写が読者を震え上がらせたにちがいないのである。

しかも、この地獄は単一な、あるいは均質な世界として捉えられているのではなく、程度――すなわち、地獄に堕ちる者の罪悪の強弱（そして、それに連動する報いとしての苦痛の強弱）――に応じて、いわば質的に分化されている。そのことが八大地獄という形で八種類に分化し、各々独自の特色をもった地獄を現出させることにつながっているのである。

この場合の「八大地獄」とは等活地獄、黒縄《こくじょう》地獄、衆合《しゅごう》地獄、叫喚地獄、大叫喚地獄、焦熱地獄、大焦熱地獄、阿鼻地獄の八つである。これらの地獄が各々どのような位置関係にあるのかは『往生要集』の記述では具体的に示されていないが、阿鼻地獄の説明の冒頭で「大焦熱の下、欲界の最低の処」と述べている点からして、地獄という領域にも空間的な幅が想定されており、その最上層部に等活地獄があり、その下に各地獄が連なり（ただし、各層同士が隣接しているかは不明である）、最下層に阿鼻地獄がある、という構造が予想されるであろう。

以下では、八つの地獄を便宜上、二つずつに分けて、その具体的様相について説明しよう。

等活地獄と黒縄地獄

まず第一の地獄である等活地獄は、殺生の罪で堕ちる地獄だけに、殺し合いをモチーフにしている。この地獄に堕ちた罪人は互いに「害心」、つまり、相手に危害を与えることだけを考えており、鉄の爪でお互いをつかみ、引き裂き合いながら、死闘を演じると言われる。また、地獄には「獄卒」と呼ばれる地獄の番人たちが存在し、罪人たちを時には鉄杖や鉄棒によって頭から足までを打ち砕き、時には鋭利な刀によって肉体を細切れに裁断するとも言われている。しかも、その苦痛は罪人たちの肉体の崩壊によって終わるのではなく、その肉体は涼風が吹くと元の姿に甦るとされる。当然、甦った後もまた同様の苦痛を受け続ける。「こんな苦しみを受けるぐらいなら、死んだ方がましだ」というセリフはここでは通用しない。これは等活以外の地獄でも総じて言えることであり、地獄では、死ぬことによって苦痛から逃れることは不可能なのである。

「等活」とはサンスクリット語「サンジーヴァ」の翻訳で、この場合、地獄の番人たちによる「みな生き返れ」という号令を意味している。罪人たちは、人間の五十年を一昼夜と換算する四天王天の五百年をさらに一昼夜と換算するこの地獄の五百年という長い間——太陽暦では、五〇×三六五×五〇〇×三六五×五〇〇で一兆六千六百五十三億一千二百五十万年に相当するだろう——何度も何度も生まれ変わりながら、このような苦痛を受け続けることになるのである。

また、この等活地獄に限らず各々の地獄には、東西南北の四門の各々に四種類の「別処」（または「異処」）と呼ばれる付随的な地獄が存在しているとされる。これは、八大地獄の各々が問題にしている罪悪をさらに細かく分類して刑罰を与える場所なのである。八大地獄とこの別処を合わせると、全部で百三十六の地獄があることになる。

第二の地獄である黒縄地獄は殺生に加えて偸盗《ちゅうとう》——すなわち、盗み——を行った者が堕ちるとされている。その名の通り「縄」がキーワードになっており、縄を駆使して罪人を徹底的に苦しめる地獄と言えるであろう。『往生要集』ではつぎの三つの刑罰について具体的に紹介している。（一）罪人が熱い鉄の上に寝かせられ、熱い鉄の縄で体の縦横に引いた線に沿って、熱い鉄の斧などで細切れに切り裂いてしまうという刑罰、（二）熱い鉄の縄を縦横無尽に掛けておき、罪人をその中に追い立てる。そこに突風が吹いて彼らはその張り巡らされた縄に絡まり、肉を焼き、骨を焦がす。いわば、金網で肉を焼くように罪人をいたぶるという刑罰、（三）この地獄には左右に鉄の山があり、その山に鉄製の幢《はたぼこ》（旗のようなもの）を立て、幢の上に鉄の縄を張り、その下に煮立った大きな釜を無数に置いておく。罪人は鉄の束を背負い、その縄の上を歩かされる。その大半は背負った鉄の重さによってバランスを崩して縄から釜へと落ちてしまうが、そのまま肉も骨も砕けてしまうほどに煮てしまうという刑罰である。どの刑罰もきわめて酷たらしいものである。

この地獄の苦痛は等活地獄とそれに付属する十六の別処の合計の十倍に相当するとされ、また刑罰を受ける期間は太陽暦で計算上、十三兆三千二百二十五億年という途方もない年数になる。(15)

衆合地獄と叫喚地獄

第三の地獄である衆合地獄は殺生と偸盗に加えて邪淫――すなわち、男女間の不正な性交渉――を行った者が堕ちるとされている。「衆合」とは「互いに打ち合うこと」を意味するサンスクリット語「サンガータ」の翻訳である。その名の通り、この地獄ではぶつかり合うことが刑罰の中心となっている。たとえば（一）牛や馬の頭をした地獄の番人に促されて、罪人たちは鉄の山の間を歩かされるが、その山々が罪人たちを挟み打ちにして、身体は砕け、血は流れて地に満ちる、（二）鉄の山が空から落ちてきて罪人を直撃し、その身体を砂のように打ち砕く、（三）罪人を石の上に載せて岩石で押しつぶしたり、鉄の臼に入れて鉄の杵でついたりして、その死骸は極悪の餓鬼、獣、鳥が競ってついばむ、などという残酷な刑罰が待ち受けている。

また邪淫に関連する刑罰としてはつぎのようなものがある。罪人は刀の歯のように鋭くとがった葉をした林の中におかれるが、よくみると木の先端に美女がいる。邪淫の罪によってこの地獄に墜ちたほどの罪人であるから、当然、その美女に近づこうとするが、登れば登るほど刀の歯のような葉はその身を割き、激痛がはしる。ひどい傷を負いながらも、ようやく先端に登ると、美女は先端にではなく地上にいる。なおも欲情のままに地上に降りようとするが、さらに身体を切り刻む傷が随所にでき、それでも地上に降りると、今度は木の先端にいる。美女の「汝を念ふ因縁もて、我、この処に到れり。汝、今何が故ぞ、来りて我に近づかざる。なんぞ我を抱かざる」という誘惑のことばに誑かされて、罪人はこのような行いを永遠に繰り返してゆくことになるのである。

第四の地獄である叫喚地獄は殺生、偸盗、邪淫に加えて飲酒《おんじゅ》を行った者が堕ちるとされている。この地獄には恐ろしい番人が登場する。その番人は黄色い頭をし、眼からは火が飛び出し、真っ赤な服を着ている。手足が長くて、風のように速く走り、口から恐ろしい声を発して、罪人に矢を射かけるとされている。恐れおののく罪人が地面に頭をこすりつけて憐れみを請うても、この地獄の番人は許すどころか、ますます怒りを増すばかりである。

地獄の番人の刑罰は熾烈を極める。罪人を鉄の棒で頭を打ったり、熱い鉄の地面を走らせたり、熱い炒り鍋で炙ったり、熱い釜で煮たり、猛火を放つ鉄の壁に囲まれた部屋に入れたり、金鋏で口を開いて煮えたぎる銅を注いだりと、罪人をいたぶることに余念がない。「叫喚」とは罪人たちがこれらの刑罰によって放つ苦悶の声にほかならない。

十六ある別処のうち、飲酒に関係するものとして「火末虫《かまっちゅう》」と「雲火霧《うんかむ》」と呼ばれる場所がある。前者は酒に水を混ぜて売った者が堕ち、四百四もの病気にかかると言う。(16) また体から虫が出てきて体中を食い破るとされている。後者は酒を人に飲ませて酔わせ、悪さをした者が堕ちると言う。ここでは、厚さが約九十二メートルもある火に投げ込まれ、永遠の苦しみを受ける。源信は結びに「仏の所《みもと》において痴を生じ、世・出世の事を壊《やぶ》り、解脱を焼くこと火の如くなるは、いはゆる酒の一法なり」という経文を引用して、飲酒を堅く戒めている。

大叫喚地獄と焦熱地獄

第五の地獄である大叫喚地獄は殺生、偸盗、邪淫、飲酒に加えて妄語——すなわち、嘘をつくこと——を行った者が堕ちるとされている。源信はこの地獄についてあまり説明を与えていない。それ以前の地獄よりも苦痛の程度が強いことや、この地獄の存続時間（その説明によって計算すると、太陽暦で六千八百二十一兆一千二百億年となる）などを述べるにとどまっている。

ただし、この地獄に属する二つの別処は妄語との関連で注目されるであろう。その一つは「受鋒苦」と呼ばれるもので、そこでは、熱い鉄でできた鋭利な針で口や舌を刺され、ことばを発することも、泣き叫ぶこともできなってしまうというものである。もう一つの「受無辺苦」はさらに凄惨であり、地獄の番人が熱い鉄でできた金鉗《かなばし》で罪人の舌を引き抜き、抜き終われば、すぐに舌が生じ、さらにそれを引き抜くという行為を延々と繰り返す。同様に眼も引き抜かれたり、刀でその罪人の身を削りとったりするとされている。この二つの小地獄は嘘をつくことによって陥るものなので、その象徴として口や舌などが取り上げられているのである。

第六の地獄である焦熱地獄は殺生、偸盗、邪淫、飲酒、妄語に加えて、邪見をもつ者が堕ちるとされている。邪見は広く言えば、邪悪な誤った見解全般を意味するが、仏教では異教徒の誤った見解を五つにまとめた五見(17)（邪見の他に、有身見《うしんけん》、辺執見《へんじゅうけん》、見取見《けんじゅけん》、戒禁取見《かいごんじゅけん》がある）の一つとして数えられ、因果の道理を否定する見解を意味する。この見解は、修行（＝因）によって悟り（＝果）を獲得する仏道修行そのものを否定することになるので、五見の中でも最悪のものと捉えられている。

この地獄はその名の通り熱を駆使した地獄であり、およそ考えうるかぎりの多種多様な熱責めの刑罰が用意されている。具体的に言えば、（一）熱い鉄の上に罪人を乗せ、ひっくり返したり、熱い棒で体全体を打ったり突いたりして、肉団子のようにしてしまう、（二）熱い鉄鍋の上に罪人を乗せ、猛火で炙ったり、転がしたりすることで、その体を薄くのばしてしまう、（三）大きな鉄串を罪人の肛門から頭まで貫き通し、焼き鳥のように火で炙ることによって、罪人の様々な器官、毛穴、口から火が出るようにする、（四）罪人を熱い鉄釜に入れたり、鉄の高楼に置いたりして、鉄の猛火が罪人の骨髄にまで染み渡るようにする、といった恐ろしい刑罰である。

この地獄の火は絶大な威力を発揮するとされ、たとえ豆粒ほどの小さな火であってもわたしたちの住むとされる世界（閻浮提）を瞬く間に焼き尽くしてしまうとか、それ以前の五つの地獄の火など、この地獄の火に比べるならば、霜や雪のようにしか思われないであろうと、そのもの凄さが強調されている。

なお、この焦熱地獄には「分茶離迦《ふんだりか》」という別処がある。「分茶離迦」の原語であるサンスクリット語「プンダリーカ」は蓮華のことであり、熱さに苦しんでいた罪人が蓮華の池があるのを知って、必死の思いでその池に入ってみると、それは数千キロメートルの高さになる炎の池で、この火に焼かれて死ぬということを永遠に繰り返すと言う。

大焦熱地獄と阿鼻地獄

第七の地獄である大焦熱地獄は殺生、偸盗、邪淫、飲酒、妄語および邪見に加えて、持戒の尼を犯した者が堕ちるとされている。この地獄の具体的な様相は前の焦熱地獄と同様であり、両者の違いは程度の差にすぎないと述べられているが、源信は罪人がこの地獄へと連れてこられる様子を克明に記述している。

その記述によると、罪人はこの地獄に向かうまでの中有《ちゆうう》(18)の期間、この地獄を支配している閻魔大王に従う鬼たちの恐ろしい形相を見せつけられて、恐怖感を徹底的に植えつけられる。その後、その鬼がその罪人の喉を摑まえて、はるか彼方の陸や海や島を通り過ぎ、海の外側を出てから、さらに大きく下降する。そうすると、この地獄に到着するのである。

到着するやいなや閻魔大王が罪人を責めて、しかりつけ、それが終わると、一面に燃え上がっている炎や地獄で泣き叫ぶ他の罪人の声を聞いて、悲しさや恐ろしさのあまり計り知れないほどの苦しみを受ける。このようなことを無限に近い年月にわたって繰り返した後、鬼がさらに罪人を責めて叱咤《しつた》し、それが終わると、途方もなく大きい炎の塊のなかに罪人を突き落とすと言う。

以上のような記述からして、この地獄では単に肉体的な苦痛を与えるのではなく、悲しみや恐れという精神的な苦痛をこれでもかというほどに与えた上でいたぶる点（それによって苦しみが十倍になると言う）に特色を求めることができるであろう。

第八の地獄は阿鼻地獄である。「阿鼻」はサンスクリット語「アヴィーチ」（原義は「起伏がない」ということ）を音写したもので、間断なく苦に苛まれることから、意訳して「無間《むけん》」とも言う。地獄の最下層にあり、もっとも苛酷な地獄である。この地獄には、五逆罪(19)（母を殺す、父を殺す、聖者を殺す、仏身を傷つけ出血させる、仏教教団を破壊するという五つ）、仏教が説く因果の道理の否定、仏教の誹謗、殺生、偸盗、邪淫、妄語、そして、布施を受けながら無為に過ごすといった、人倫に反する重罪あるいは仏教に背反する行為を犯した者が堕ちるとされる。

そこには「阿鼻城」と呼ばれる城郭があり、悪臭に満ち、毛穴から猛火を出している銅の体をした狗や、六十四個の目をもち、頭の上に牛の頭が八つもついた、牙や角から猛火を吹き出している鬼、噴水のように炎がほとばしっている鉄製の幢、毒や火を吐き続け、鉄の塊を雨のように降らせる鉄の体をした蟒《うわばみ》(20)や大蛇、無数の嘴《くちばし》をもち、そこから雨のように火を吹きだす虫などが充満している。ありとあらゆる苦しみがこの城郭に集まっているとさえ言われている。この地獄に堕ちた者たちは、無数の生死を繰り返し、無限に近い年月をここで苦しみながら過ごすことになる。

源信はこの阿鼻地獄をいかに説明しようとも、千分の一も説いたことにならないと言う。なぜなら、その無惨な有様は説き尽くせないほど多くの内容をもち、かつ、何ものにも譬えようがないからである。そして、たとえ阿鼻地獄の有様をすべて聞いた人がいたとしても、その人は恐怖のあまり血を吐いて死んでしまうであろうとも述べている。

『往生要集』の地獄描写——その意義と影響

以上のように、『往生要集』における地獄の描写について具体的に紹介してきた。源信は様々な経論典を渉猟しながら、地獄のおぞましい様相を克明に描き出していった。途方もなく長い年月をかけて真っ逆様に地獄に堕ちてゆく姿、死んでも終わることのない罪人同士の殺し合い、猛火や赤く燃えた鉄を用いる責め苦など、その苛酷さは、たとえそれが想像の産物であったとしても、読み手に大きな衝撃を与えるであろう。

源信はなぜ地獄のおぞましい様相をそこまで克明に描写しようとしたのであろうか。まず想起される理由として、地獄に対する描写がインドの精神的風土において徹底した形で追求されており、仏教を通じて、それがそのままもたらされたのではないかということが考えられるであろう。西洋のインド学者によってサディスティックであるとも評されているように、インドの宗教における地獄描写は過酷さを極めており、仏教の地獄像も同じような基盤を共有していたのであろう。源信はその地獄像を忠実に再現してみせたと言えるのである。

もっとも、仏教の地獄像を忠実に再現するとは言え、そのおぞましい様相を多少なりとも控えめに描写することは可能であったかもしれない。しかし、源信はあえてそうしなかった。それどころか、六道輪廻の手始めとして地獄を取り上げ、躊躇することなく、そのおぞましい様相を描写してゆく。

その描写の分量は六道の中でも圧倒的であり、他の五つの道に関する描写の合計を軽く凌駕するものとなっている。そのような意味で、『往生要集』では地獄の描写が意識的に強調されていると言ってもよいであろう。そして、この点にもう一つの理由があるのではないかと考えられる。

前述のように、『往生要集』は極楽往生への指南書と言えるものであるが、極楽往生を実現するには、何よりもまず、本当に極楽往生したいという揺るぎない決意が必要であろう。そのためには、今住んでいる世界がいかにおぞましく、往生する世界がいかにすばらしいかを思い知らなければならない。『往生要集』の第一章「厭離穢土」、第二章「欣求浄土」はそのような意図のもとに配置されているのである。源信は、地獄の描写を意識的に強調することで、今住んでいる世界のおぞましさを鮮烈な形で示そうとしたのではないだろうか。

『往生要集』の地獄描写は同時代あるいはその後の時代の人々に大きな影響を与え、地獄のおぞましい様相が人々の関心を捉えていった。それは、平安時代中頃から急速に広まった、仏教の教えが廃れ、修行も悟りも失われてしまう末法の世の到来という時代意識とよく相まったからであろう。そのような時代のもとに盛んに作られたのが「地獄変相図」と呼ばれる図画である。(21)この図画は『往生要集』の成立以前にも作られていたが、『往生要集』成立以後、その書で具体的に示される地獄の様相をそのまま克明に描き出した。様々な拷問が繰り広げられ、罪人が苦しみにうめく地獄を人々は恐れ、さらに現実の世界をもその一環にあるものとして厭い、阿弥陀仏がいるという西方の極楽浄土へと往生することを強く願うようになっていったのである。

第七章　キリスト教伝来とキリシタンの誕生

一　キリスト教の日本伝来

イエズス会のアジア布教

今から六百年ほど前にルター（Martin Luther）を中心的な指導者とする宗教改革運動が起こった。彼は、民衆が容易には理解できないラテン語で書かれていた聖書を、当時の民衆語であったドイツ語に翻訳し、各々の人間が神のことばを直接知ることを可能にした。さらに「万人が司祭である」と主張して、特権に安住する聖職者たちを批判した。これは、この世における神の代理者としてキリスト教を独占していたローマ・カトリック教会の堕落に抗議して、人間が教会を介さないで神と直接向かい合おうという大胆な試みであった。この運動は瞬く間にヨーロッパ全土に広がり、カトリック教会は大きな打撃を受けた。カトリック教会としても巻き返しをはかるべく、対抗措置を講ずる必要に迫られていたのである。

イエズス会（Jesuit）はそのような時に誕生した。創設者はロヨラ（Ignatius de Loyola）という人物であった。彼はスペインの騎士として従軍後、負傷したのを契機に信仰への道に進み、パリ大学で学びながら、ローマ教皇に絶対的な忠誠を誓う信仰サークルを作った。イエズス会は、規模こそまだ小さかったが、厳しい貞潔と清貧、完全な自己犠牲を実践し、様々な社会事業を展開した。やがてローマ教皇の公認を受けることになり、その活動が期待されることになったのである。

一方、当時のヨーロッパで強国であったスペインやポルトガルなどは新航路の発見とともに世界へと進出していった。特にヴァスコ・ダ・ガマ（Vasco da Gama）によって開かれたインドへの航路は重要視されていた。(1) なぜなら、インドを中心とするアジア地域は料理に欠かせない香辛料の確保を可能にしてくれたからである。その確保は莫大な富、ひいては国力の強大化につながったのである。ヨーロッパ強国の中でもポルトガルはインドのゴアに拠点を築き、アジアの植民地経営に積極的に乗り出していた。

この植民地化の推進にとって、現地の人々にキリスト教を布教することは重要なことであった。なぜなら、力づくで無理に支配しようとしても、反感や抵抗を受けるし、その結果、植民地運営に多くの犠牲を払わなければならなくなるが、彼らをキリスト教徒化し、精神的に支配してしまえば、意のままに動かすことができると考えたからである。

しかし、そこには問題があった。長くかつ危険な航海を経て、しかも、まったく異質な文化をもつ人々に布教することなど容易にできることではなかったのである。また布教以前に、植民地にいたポルトガル人の堕落ぶりも目を覆いがたいものがあった。ポルトガル王がこのような状況を思い悩んで目をつけたのが、教皇に対する絶対的な忠誠を誓って社会事業に励んでいたイエズス会であった。ポルトガル王はローマ教皇に、イエズス会をアジア布教に派遣してくれるよう願い出た。それを許可したローマ教皇の命令にイエズス会は喜んで従った。このようにして、イエズス会はアジア布教にその活躍の場を見いだすことになったのである。

ザビエルの活躍

ザビエル（Francisco de Xavier　正確には「シャビエル」と発音すべきであるが、ここでは通例に基づく）はフランスとスペインの国境にあるナバラ王国の貴族として生まれた。フランスに出て大学に学び、そこでロヨラと運命的な出会いをすることになる。なお、二人の祖国であるナバラ王国とスペインはかつて敵対関係にあり、ザビエルの兄たちとロヨラが戦場で戦ったという奇遇なつながりもあった。ザビエルはやがてこのロヨラから感化を受け、イエズス会の創立に関わり、その活動に身を投じることになる。そして、前述のようなポルトガル王の依頼によって、当時アジアにおけるポルトガル植民地の拠点であったインドのゴアに派遣されるイエズス会士の一人に選ばれ、インド総督の船隊に同乗して出発した。これが後に「東洋の使徒」と呼ばれるザビエルの布教活動の始まりであった。

ゴアの状況は予想を超えて深刻であった。これまでに派遣されていた宣教師はほとんど殺されてしまっていて、生き残っていた宣教師も無力であった。また、ポルトガル人の放蕩ぶりは、現地の人々にキリスト教への憎悪をかき立てるのに十分であった。ザビエルはこのような最悪の環境の中で布教活動に献身した。そしてある時、ザビエルは「アンジロー」――おそらく「弥次郎」の訛りであろう――という一人の日本人に出会う。彼は鹿児島の出身で、殺人の罪を犯して、国外に逃亡していたと言う。(2) しかし、ザビエルはアンジローとのやりとりを通じて、日本人に対して、これまで出会ったアジアの人々にはない高い知性への可能性を確信し、日本布教に乗り出したのである。

ザビエルとアンジローは天文十八年(一五四九年)に鹿児島に上陸し、領主島津貴久の許可をとって布教を開始したが、進展しなかった。なぜなら、島津貴久がザビエルを厚遇したのは、ポルトガルとの貿易を望んでいたからにすぎず、キリスト教そのものに対してはあまり理解を示していなかったからである。事実、貴久は家臣にキリスト教の信仰を禁止していた。ザビエルはこの状況を打開すべく、日本の指導者に直接会って、布教の許可を得ようと考え、京都へ向かった。しかし、それは完全な失敗に終わってしまった。天皇はしかるべき拝謁の手続きを欠いた異国人との対面など許可しなかったし、将軍は応仁の乱以後の乱世で京都に落ち着いて居られるような状態ではなかったのである。

しかし、ザビエルは諦めなかった。彼はこれまでとは方針を変え、ポルトガルの使者として、すなわち、貿易というカードをちらつかせながら、権力者たちに接近した。そして、西国の有力大名であった大内義隆から布教許可を得て、山口に日本初のキリスト教会である大道寺(3)を建てた。やがて、布教の地域を、山口を中心に西国全体へと次々に拡大していったのである。

ザビエルの布教は順調に進んでいったが、その一方で、ザビエルがしばらく留守にしていたゴアの状況が再び悪化の方向に向かっていた。それを挽回するため、ザビエルはゴアに戻らざるをえなかった。ザビエルが日本で布教活動をしていたのはわずか二年余りにすぎない。しかし、ザビエルが播いた種は確実に成長し、やがてキリスト教全盛の原動力となってゆくのである。

二　キリスト教の浸透

キリシタン大名の誕生

ザビエルがキリスト教布教を展開した西国、特に九州地域を中心に、キリスト教を積極的に保護する大名たちが現れた。世に言う「キリシタン大名」の誕生である。以下では、キリスト教の浸透に大きな役割を果たした代表的な三名のキリシタン大名について紹介することにしよう(4)。

まず最初は日本初のキリシタン大名となった大村純忠である。純忠は有馬晴純の子であるが、肥前の大村一帯を支配する大村純前《すみあき》の養子となった。純前には実子がいたが、養子に出されており、この実子に忠誠を誓う内通者と対決して、純忠は厳しい領内運営を迫られていた。キリスト教に注目したのも、家臣や領民をキリシタン化することでその意思を統一し、かつ、南蛮貿易による利益を獲得することをめざしたものと思われる。しかし、純忠は「バルトロメオ」という洗礼名を受け、熱心なキリスト教徒となった。そして、徹底したキリスト教化政策を押し進め、領内の神社仏閣を破壊、ほとんどの大村領民がキリシタンになったと言う。また、純忠は長崎港をイエズス会に寄進した。これによって、日本の一角にローマ教皇領が誕生することになったのである。

次は大友宗麟である。本名は「義鎮《よししげ》」、出家して「宗麟」と名のった。九州の有力大名であった大友家に生まれ、父の横死後、家督を嗣いだ。全盛期には九州北部六ヶ国を支配していた。ポルトガルとの貿易を目当てにキリスト教に接近し、大砲などの武器を手に入れたが、豊後の中心都市であった府内にザビエルを招き、その強い影響を受けたとも言う。やがてキリスト教の洗礼を受け、「フランシスコ」と名のった。キリスト教を領内で強制的に布教し、仏教などの反対勢力を弾圧した。後に島津氏との抗争に敗れたが、一説では、進出しようとした日向国にキリシタンの理想国家を建設しようとしたとも言われている。

三人目は有馬晴信である。有馬氏は島原半島に拠点を置く大名で、全盛期には肥前一国を支配するまでになっていた。晴信は義直の子で、大村純忠の甥にあたる。晴信は当初、キリスト教にあまり興味を示さず、貿易によって得られる利益の方に関心があったが、諸般の現実的な理由(5)で洗礼をうけた。洗礼名は「プロタジオ」である。しかし、その後は熱心な信仰をもつようになり、叔父純忠にならって浦上の地をイエズス会に寄進した。この浦上という地はその後のキリシタンの歴史において特別な意味をもつ場所である。豊臣秀吉によるキリスト教禁教令発令後、キリスト教への逆風が吹きつつあったが、晴信は宣教師をかくまうなどして支援した。

「キリシタン大名」と言っても、一方で、貿易から得られる利益だけを目的にキリシタンであると名乗っていたような場合もあれば、他方で、熱心にキリスト教を信仰していた場合もあり、キリスト教との具体的な関わり方にも大きな幅があると言えるであろうが、ここで挙げた三人のキリシタン大名はキリスト教に近づいた動機は様々であれ、自らも熱心なキリシタンとして生きた人々である。宣教師たちはこれらのキリシタン大名の絶大な権力を利用し、いわば上から下へとキリスト教布教を展開していった。その結果、キリスト教信者の数は飛躍的に増大していったのであった。

主なキリスト教宣教師

ザビエルが播いたキリスト教という種子は徐々にその芽を出し始めた。それを助けたのが相次いで来日してきた宣教師たちの活躍である。ここでは三人の代表的な宣教師について説明しよう。

まず最初はフロイス（Luis Frois）である。ポルトガル出身のイエズス会士で、永禄六年（一五六三年）に来日し、平戸で日本語や日本の文化を学んだ。翌年に京都に派遣され、十年以上滞在した。その滞在中に、織田信長の知遇を得て、キリスト教布教の許可を得た。巡察使ヴァリニャーノ（以下で後述する）に日本の歴史・文化への深い造詣と文才を認められて、『日本史』の編纂を命じられた。フロイスはその執筆に精魂をかけて取り組み、三部からなる、ザビエル以来の日本初期教会史を記した壮大な書物を著した。その原稿は作成依頼者のヴァリニャーノに冗長であるとして評価されず、日の目を見ることはなかったが、日本キリスト教史、および、信長などの為政者から市井の庶民まで、当時の日本を伝える貴重な資料であると言えるであろう。なお、フロイスは二十六聖人の殉教を目撃して、その報告書を書いている（『日本二十六聖人殉教記』）。長崎で亡くなった。

第二はオルガンティーノ（Gnecchi-Soldo Organtino「オルガンチノ」とも記される）である。イタリア出身のイエズス会士で、元亀元年（一五七〇年）に来日した。京都で布教活動を展開し、天正四年（一五七六年）には「南蛮寺」と呼ばれる聖堂を創建した。(6) その壮麗な姿はたちまち都の名所となった。彼は当時、畿内におけるキリスト教布教の中心的人物であった。織田信長の信任も厚く、それがキリスト教布教にとって大きな助勢となったが、信長に依頼されて、キリシタンであった高山右近を荒木村重側から信長側に寝返りさせるようなこともした。もっともこれは、協力しなければ、キリシタンに大弾圧を加えるという信長の脅迫によるものであった。温和な性格から日本人信者に「ウルガン伴天《ばて》連《れん》」（「ウルガン」は「オルガンティーノ」の一部がなまったもの、「伴天連」はキリスト教の聖職者である司祭・パードレのことである）と呼ばれて、敬愛されたと伝えられている。長崎で亡くなった。

第三はヴァリニャーノ（Alessandro Valignano）である。イタリア出身で、パドバ大学で法学博士号を取得後、イエズス会に入る。東インド巡察使となり、アジアにおけるキリスト教布教に一生を捧げた。日本には三度も来ており、一度目は天正七年（一五七九年）で、織田信長と会見して、歓迎を受け、安土にセミナリヨ（神学校）を建設する許可を得た。有馬晴信に洗礼を与え、九州の有力キリシタン大名に働きかけて、ローマ教皇に使節を送ることを提案し、実現させた。天正十八年（一五九〇年）の二度目の来日時は、禁教令下で宣教師の資格では入国できなかったため、インド副王の使節として来日し、豊臣秀吉と会見した。この際に、布教拡大の手段として活字印刷機を持ち込み、これが日本における活版印刷の始まりとなった。三度目の来日は慶長三年（一五九八年）で、禁教下のキリスト教の再編成に努めた。四度目の来日をも計画したものの、それは彼の死によって実現しなかったが、その旺盛な布教活動はザビエルにも匹敵するものと言えるであろう。ゴアで亡くなった。

天正遣欧使節

ヴァリニャーノの勧めで、キリシタン大名の身内から少年を選び、ローマ教皇に謁見させる使節が送られることになった。いわゆる「天正遣欧使節」の派遣である。その目的は、まず第一に、日本でいかにキリスト教が受け入れられているのかをローマ教皇やヨーロッパ各国の王に知ってもらい、イエズス会の日本布教に対する援助の拡大を求めようとした点、第二に、日本人にヨーロッパ諸国の繁栄と文化、さらにはローマ教皇の威厳とキリスト教会の偉大さを知ってもらい、帰国後、それを語ってほしいという点、それは布教活動の助勢となるのである。

使節は、前述の大村純忠、大友宗麟、有馬晴信という三人のキリシタン大名の関係者から選ばれたが、大村純忠が実質的な準備を進めたといわれている。メンバーは、大友宗麟の親類である伊東マンショ、有馬晴純の子で千々石《ちぢわ》家に養子に出された直員《なおかず》の子千々石ミゲル、大村領の波佐見《はさみ》城主の子である原マルチノ、大村領の中浦城主の子である中浦ジュリアンの四人である。そのうち、伊東と千々石を正使、原と中浦を副使と定め、伊東を大友氏の名代、千々石を大村氏と有馬氏の共通の名代とした。なお、四人の名前はすべて洗礼名である。

天正十年（一五八二年）にヴァリニャーノに連れられて長崎を出発し(7)、マカオからインドを経由して、喜望峰をまわり、二年六ヶ月という長い年月の後、ポルトガルのリスボンに到着した。ポルトガル国王やスペイン国王などの歓迎を受けた後、ローマに赴き、教皇グレゴリウス十三世との謁見を果たした。教皇はこの来訪を非常に喜び、使節がローマに入った翌日に謁見が実現した。なお、中浦のみ病気で謁見に参加できず、後日単独で謁見が行われたと言う。このグレゴリウス十三世はその後二十日ほど経って逝去するが、使節団は新しい教皇シスト五世の戴冠式にも参列した。さらに、ローマ市会によってローマ市民権が与えられ、「金の拍車」の騎士の位にも叙せられた。使節団はこのように絶大な歓迎を受けたのである。

はるか遠く離れた極東の島からキリスト教の信仰をもった日本人の少年たちがやって来たということは、ヨーロッパの人々に少なからぬ影響も与えた。その結果、日本への関心や日本へのキリスト教布教の情熱が高まった。そして、そのことは日本へのキリスト教布教の礎を築いたイエズス会の名を高めることになったのである。

多大な成果を収めて、使節団は帰国の途につくが、日本におけるキリスト教をめぐる情勢は急変していた。日本ではすでにキリスト教が禁教になっていたのである。天正十八年（一五九〇年）に日本に戻ったが、彼ら四人を待ち受けていた運命は苛酷なものであった。伊東マンショは豊臣秀吉の召し抱えたいという要請を断って司祭となり、やがて長崎で病死し、千々石ミゲルは早々にキリスト教を捨てて、晩年は不遇であったと言う。原マルチノは信仰を貫いて国外追放処分になり、マカオで生涯を終え、中浦ジュリアンもキリスト教信仰を棄てず、拷問によって殉教した。中浦の最後のことばは

「われこそはローマに行った中浦ジュリアンなり」であったと言う。

キリスト教と仏教の対論

キリスト教の布教を進める上で常に大きな障害となるのが他宗教の存在であろう。宗教を保持していない民族や部族は皆無に近いので、結局、キリスト教布教の成否は、他の宗教を信仰している現地の人々の関心をいかにキリスト教に向けさせるかにかかっていると言える。

「世界宗教」と呼ばれるような、教義の体系化、宗教的職能者の高度組織化、布教方法の確立などを成し遂げた宗教が支配的でないような地域では、キリスト教は土着の宗教と習合して信仰者を獲得することが可能であったが、日本の場合、そうはゆかなかった。キリスト教と真っ向から対抗可能な仏教という存在があったからである。仏教は日本に伝来してから約千年もの長い歴史をもち、聖と俗、すなわち、宗教的な権威としても、日常的な権威としても絶大な権力をもっていた。したがって、キリスト教は仏教との対決を通じて自らの活路を開いてゆくしかなかったのである。(8)

このような必要性から、キリスト教は仏教に宗教的な対論を仕掛け、仏教との対論に打ち勝つことで、自らの主張の正当性を示そうとした。ここではその例として、日本で行われたキリスト教と仏教の対論を二つ紹介することにしよう。

その一つは前述のキリシタン大名の大友宗麟の前で行われたザビエルと禅僧の対論である。そもそも、禅宗は「不立文字《ふりゅうもんじ》」（概念や言語を超えた禅体験の重視）を謳い、日常的な言語表現を超えたところに真実を見いだそうとする。そのために対話を通じて日常的な言語表現そのものを無化させてゆく特異な方法は「禅問答」として知られている。しかし、日常的な言語表現を積み重ねて真実に迫ろうとする、ザビエルに代表されるヨーロッパ的思惟の立場と、日常的な言語表現を無化した上に真実を観ようとする禅宗的な立場とが相容れることはなかった。[9]記録によれば、ザビエルはこの禅僧を荒唐無稽な人物であると、また、一方の禅僧はザビエルを相対的な視点を離れて絶対無二の立場に移ることのできない愚かな人物であると評したと言う。

もう一つは織田信長の前で行われたフロイスと日乗（「朝山日乗」とも「日乗朝山」とも呼ばれる）の対論である。相手方の日乗は日蓮宗の僧侶で、宮中に出入りして、上人号を受け、さらに、時の権力者信長にも近づきをその信任を得ていた人物である。この対論では、日本語があまり流暢ではなかったフロイスに代わって、日本人修道士のロレンソが応戦し、巧みな弁舌で日乗を圧倒した。興奮した日乗は刀を抜いて威嚇しようとしたが、信長に一喝されて敗北したと伝えられる。なお、日乗は対論に敗れた後も、キリスト教を憎悪し、執拗にその排斥を画策し続けたと言う。

キリスト教側は対論を通じて自らの主張の正当性を示そうとしたが、結果的に言えば、対論によって双方の真偽、優劣が容易に決着するわけではない日本独特の精神風土や、宗教の問題が政治的、社会的な問題と深く結びついていたことなどによって、必ずしも期待通りの成果を挙げることはできなかった。[10]そして、日本の為政者がキリスト教を敵視するやいなや、確固たる基盤をもたなかったキリスト教はたちどころに窮地に追い込まれてゆくことになるのである。

三　キリスト教への弾圧

秀吉の伴天連追放令

織田信長はキリスト教に寛大ではあったが、自らはキリスト教の信者にはならなかった――宣教師たちはそれを期待していたが[11]――。信長はあくまでも比叡山延暦寺や浄土真宗などの有力な既成宗教を押さえ込む手段としてキリスト教を利用したのであった。また当時、キリスト教布教とセットになっていたポルトガル貿易は、武器や莫大な利益をもたらし、信長の権力維持にとって不可欠なものであったにちがいない。信長の急死によって最高権力者の座を手にした豊臣秀吉もこの方針を基本的に継承し、貿易から得られる利益を最優先にして、キリスト教を保護してきたのである。

ところが、秀吉は天正十五年（一五八七年）に突然、九州征伐の帰路で伴天連追放令を発令する。これはキリスト教に対する根本的な方針転換を意味しているであろう。転換の理由は様々に考えられるが、もっとも大きいと思われるのが、キリスト教が急激に信者を増加させて、民衆の中に生み出してゆく信仰組織が、秀吉がめざす「天下の覇者秀吉―配下の大名―家臣―領民」という一元的な社会支配と対立する危険が出てきた点であろう。戦国時代には、浄土真宗の信仰で結束した農民組織が加賀一国を約百年もの間支配していた事例も存在している。秀吉は同種の危険性を見いだしたと思われる。また対外的には、キリスト教布教の背後に見え隠れしていたポルトガルを中心とする外国勢力の動向を意識していたであろう。キリスト教布教がヨーロッパ諸国によるアジアへの植民地支配としばしば連動していたことを秀吉は知っていた。事実、秀吉は九州に赴いて、長崎がローマ教皇の領地になっていたこと、日本人が奴隷として海外に輸出されていることを知り、驚愕したのであった。

ただし、この伴天連追放令は日本からキリスト教を根絶する性格のものではなかった。貿易は依然として認められていたので、貿易で滞在していると主張すれば、宣教師は日本に滞在できたのである。このような不徹底さは、ポルトガルとの貿易を犠牲にしてまでもキリスト教を排除するという決心が秀吉につかなかったことに起因している。その事情を熟知していたイエズス会宣教師たちも、この発令を一時的なものと捉え、静観する構えをみせていた。

ところが事態は急変する。文禄五年（一五九六年）にスペイン船のサン・フェリペ号が台風のため土佐に漂着したが、その積み荷の取り扱いをめぐって紛争が起きた。これがサン・フェリペ号事件である。その際、船員が誘導質問につられて、植民地化と宣教師の来訪を結びつけるような不用意な発言をしてしまい、その報告を受けた秀吉は激怒したと言われる。(12) 折しもイエズス会が布教活動を控えている間隙に、スペインと結びついて、新たに日本に乗り出したフランシスコ会が公然と布教活動を展開しており、秀吉はその怒りをフランシスコ会への弾圧という形でぶつけた。これが二十六聖人の殉教という事件である。(13) フランシスコ会士六名と日本人修道士・伝道士十八名が捕らえられ、大阪の堺から、途中自発的に加わった日本人信者二名を加えて、処刑場のある長崎まで歩かされ、到着と同時に処刑が執行された。信者には最年少で十二才の子供も含まれていた。この事件はその後のキリスト教の受難を象徴するかのように凄惨なものであった。

江戸幕府のキリスト教禁教政策

伴天連追放令の発令以後、キリスト教宣教師たちは布教活動を控えることを余儀なくされていたが、慶長三年（一五九八年）の秀吉の死によって大きな転機を迎えた。秀吉の寵臣でその後の豊臣陣営をリードしていた石田三成は、同じく秀吉の家臣で、熱心なキリスト教徒であった小西行長との友好関係を維持しようとして、キリスト教の保護を約束していた。もう一方の徳川家康も、フランシスコ会士を江戸に滞在させ、民衆に布教することを認める約束をしていた(14)。三成も家康も、天下の覇者になるため、なりふり構わずキリスト教関係者を味方に引き入れて、その背後にある、ポルトガルやスペインとの交易を維持したいと考えていたのである。

この機に乗じて、キリスト教も布教活動の勢いを回復させていった。記録によると、慶長四年（一五九九年）のキリスト教入信者は四万人を超える数であったと言われ、急激な勢いで信者数が増大していったことが窺われる。当時の信者数は約七十万人ほどであったと推定されており、布教地域は全国にまで及んでいた。蝦夷にも教会が建てられたと言う。天文十八年（一五四九年）に日本に伝来したキリスト教は秀吉の死後、ようやく最盛期を迎えることとなった。しかし、その栄華は家康が盤石の政治体制を確立するまでのわずか十数年にすぎなかったのである。

家康が関ヶ原の戦いに勝利して、幕府を開いた慶長の時代に、オランダの船が来航し、日本との交易を求めてきた。オランダはプロテスタント国で、ポルトガルやスペインなどのカトリック国とは違って、キリスト教布教を貿易の条件とはしなかった。そして、日本における貿易の覇権を奪取するために、カトリック国が布教を侵略の手段として捉えていると、家康にカトリック国の侵略的性格を讒言した。

キリスト教信者の急激な増大は社会の安定化をはかろうとする家康にとって脅威であったが、キリスト教の保護を条件としないで貿易が可能になるというカードを手して、ようやく思い切った政策がとられることになった(15)。それが慶長十九年(一六一四年)のキリスト教禁教令発令である。これは家康の側近で「黒衣の宰相」とも呼ばれた臨済宗の金地院《こんちいん》以心崇伝が家康の依頼を受けて起草したもので、「伴天連追放文」と呼ばれている。内容は、キリスト教が神道、儒教、仏教という日本の正宗(正しい教え)を惑わす邪教であるから、排除すべきである、というものである(16)。これ以降、キリスト教は日本における市民権を完全に失ったと言えるであろう。

この禁教令に基づいて、長崎を中心に、教会などの施設がことごとく破壊され、各地のキリスト教宣教師や信者も逮捕され、国外追放や処刑になったりした。キリスト教の最大のパトロンであった高山右近が一族もろともマニラに追放されたのもこの頃である。また、単なる処刑は刑死者を殉教者として英雄視させる危険があるとのことで、殺害方法も苛酷な拷問へと変わっていった。これらの弾圧によって、日本のキリスト教は壊滅的な打撃をうけた。江戸幕府によるキリスト教弾圧はその規模と徹底さにおいて世界史上最大であるとも言われている。

島原の乱

江戸幕府の体制がようやく軌道に乗り始めた寛永十四年（一六三七年）に島原の乱が起きた。この乱をどう位置づけるかについては様々な考え方があると思われるが、ここでは特にキリシタンとの関連で素描することにしよう。

有馬晴信、天草種元、小西行長などのキリシタン大名による手厚い保護の影響で、長崎には依然としてキリスト教の勢力が温存されていたが、情勢は急激に変わりつつあった。天草の寺沢広高（そして、その子堅高）と島原の松倉重政（そして、その子勝家）という新しい領主たちが出現したからである。両者は異常と言えるまでのキリシタン迫害と重税による農民の圧迫という点で共通していた。

寺沢広高は元々「アゴスティニョ」という洗礼名をもつキリシタン大名であったが、キリスト教信仰を捨てた、いわゆる「転びキリシタン」となり、キリシタンの徹底的な弾圧を展開していた。もう一方の松倉重政はキリシタン嫌いで知られており、凄惨な拷問によってキリシタンを弾圧し、死に至らしめた。雲仙の硫黄が沸き立つ熱湯を杓に入れて裸体にかけるという悪名高い「雲仙地獄責め」の拷問は松倉の考案らしい。その他にも、柱にくくりつけて、その周囲で焚き火をして、徐々に炙り上げる「火炙り」、路傍の柱に予め首に刀傷をつけたキリシタンを結びつけ、通行人にその首を竹鋸《たけのこぎり》で引かせるという「竹鋸引き」など、徐々に苦しみながら死んで行くような拷問にかけて、非道のかぎりをつくした。

キリシタンへの迫害だけでなく、農民たちに重税を課し、払えなければ、容赦なく拷問にかけた。

手足を縛り、簑を着せて火をつける「簑踊り」や水牢に立たせたまま何日も閉じこめる「水責め」など、その残酷さには家臣さえもあきれて、藩から去ってしまうほどであったと言う。

農民は餓死や拷問死するか、領主と武力で戦うかの選択肢しか残されていなかったのである。長崎各地の庄屋と九州に落ち延びていた旧豊臣方の浪人が会合を行い、武装蜂起の策を練った。一般に島原の乱はキリシタンの反乱と言われることがあるが、実際には追いつめられた農民が最後にとった決死の武装蜂起であった。ただし、長崎の地にはキリスト教信者が多く、農民が一致団結して事にあたることができたのは、キリスト教信仰の力に依拠している点が大であろう。それが天草四郎（本名は益田時貞）の存在に象徴されていた。天草四郎は小西行長の遺臣の子と言われ、キリシタンとなり、天性の美貌と知恵で人々を驚嘆させたと言う。武装蜂起の実行者たちは天草四郎を救世の天使と言い立てることで、農民たちの意思を一致させることに成功したのである。

ただし、戦争では物量的側面が勝敗を大きく左右する。いかに奮戦しようとも、徹底した包囲網と兵糧攻めにはなす術がなかった。原城に籠城した三万七千人とも伝えられる農民軍は敗れ、ほぼ全員が殺戮された。そして、狡猾な江戸幕府はこの乱の影響が全国に波及するのを防ぐために、これを外国勢力の日本侵略に呼応したキリシタンの反乱であるとして喧伝した。また、失政の責任をとらされて、寺沢堅高は自殺し、松倉勝家は斬罪となった。

四　潜伏キリシタンの軌跡

キリスト教徒の潜伏

江戸幕府による徹底的な弾圧で全国のキリスト教組織は公にはほぼ壊滅するに至ったが、現在の長崎県を中心とする九州北西部の農漁村では、潜伏する形でキリシタン信仰が存続していた。ここに「潜伏キリシタン」と呼ばれる信仰形態が誕生する。なぜそのような状態が維持されてきたかというと、主に三つの理由を挙げることができるであろう。

その第一は地理的な条件である。現在の長崎県は肥前国の南半分と肥後国の一部、対馬国、および壱岐国から成るが、この地域には天草諸島や五島列島のように、たくさんの島が存在している。これらの島々では交通手段は船しかなく、したがって、外部との接触が相対的に少なかった。そのため、その中に伝えられたキリスト教は外的な刺激を受けることなく、そのまま存続することができたのである。それとは逆に、多くの人間が行き来する都市で、キリスト教信仰を隠し通し、いかなる誘惑や危険にも耐えて信仰を貫き通すことは容易なことではないであろう。

第二は、キリスト教の組織がそのまま共同体の宗教組織となっていたことである。島や村全体がキリスト教信仰によって成り立っている場合が多いので、キリスト教は単なる信仰の対象というよりは、共同体を一つにまとめる基盤になっていたのである。宗教学では宗教を世界宗教（普遍宗教）、民族宗教、部族宗教に分類し、地域的な限定を超えて世界全体へと伝播する世界宗教と、特定の民族や部族の内部にとどまり、その集団を結束させる紐帯のような役割を果たす民族宗教・部族宗教が対比されている。当然、キリスト教は世界宗教に分類されるのであるが、社会的流動性のない地域に沈着した潜伏キリシタンの信仰は後者の、特に部族宗教との親近性を感じさせるのである。

第三は、日本に伝来したキリスト教が当初から布教活動に日本人を積極的に関与させていたことである。それは元々布教活動を円滑かつ効率的に進めるためのものであったであろうが、同時に宣教師による指導がなくなっても、キリスト教信仰の維持を可能にするという結果を生んだのである。

以上のような理由から、潜伏キリシタンという信仰形態が、ヨーロッパのキリスト教との関係が途絶えた後もなお二百年以上にわたって存続することになったと言えるのである。

では、潜伏キリシタンの信仰はどのように営まれてきたというと、教会の指導がないため、「組」(または「帳」)という組織と「帳方《ちようかた》」「水方《みずかた》」「聞役」と呼ばれる独自の指導者を立てていた。組は「コンフラリア」というヨーロッパ由来の信者組織で、元々はより高度な宗教活動を行うために設立されたものであるが、日本では布教の初期段階から各地に設けられた。この組織がそのまま潜伏キリシタンを支える地下組織へと変貌したのである。帳方は儀礼を担当し、水方は洗礼を担当し、聞方は水方の助手として、典礼の進行を見届けた。これらの組織・指導者のもとで、表面上は仏教の檀徒や神社の氏子を装いながら、たとえば、キリスト像やマリア像を仏像に似せて製作して、納戸の奥などに隠して祀ったり、葬儀を仏式で行った後、それを無効にする儀式をして、(17)キリシタン式でし直したりと、巧みにカモフラージュしながら、信仰活動を維持してきたのである。

潜伏キリシタンへの弾圧

潜伏キリシタンは巧妙にキリスト教信仰の地下活動を続けていたが、そのような配慮にも拘わらず、その存在が暴かれて、弾圧される事件が起こった。一般にこのような事件は「くずれ」と呼ばれている。以下では、主なくずれについて説明しよう。

まずは明暦三年（一六五七年）におきた郡くずれである。これは身内からの密告によってキリシタンであることが露見したもので、大村の郡《こおり》村を中心に芋づる式に次々とキリシタンが摘発された。合計で六百八名の逮捕者を出し、その内の四百十一名が棄教せず斬罪、その他にも百名近くが牢に入れられて病死などに至った。その結果、大村領内における潜伏キリシタンは壊滅状態に至った。

次は寛文元年（一六六一年）におきた濃尾くずれである。九州以外にも潜伏キリシタンの存在する地域があり、美濃と尾張の二国を指す濃尾地域もその一つであった。この地域は織田信長以来、キリスト教に好意的な大名が相次いで統治し、キリシタンの数も九州に次いで多く、江戸幕府の禁教令以後もキリシタンが多数潜伏していた。ところが、ある旗本が尾張藩に、尾張国境沿いの美濃国に自分の所領があり、そこにキリシタンがいるので捕まえてほしいと依頼してきたと言う。また同じ頃、尾張藩の重臣が江戸に呼ばれ、美濃にキリシタンが潜伏しているから捕まえ、同時に尾張領内も調査せよという指示があった。徳川御三家の一つ尾張藩の領内にキリシタンが存在しているという指摘に驚愕し、尾張藩は摘発に乗り出した。これが以後七年にわたって続いた濃尾くずれのはじまりである。徹底的な捜査によって多くのキリシタンが捕まえられ、処刑されたものは三千人にも達する大規模な弾圧事件となった。その結果、濃尾地域のキリシタンはほぼ絶滅したと言われている。

次は浦上《うらかみ》くずれである。浦上は長崎にある村で、かつて有馬晴信がイエズス会に寄進した地であったという歴史もあり、村民のほとんどが潜伏キリシタンであった。この村では幕末までに計四回のくずれがあり、各々を「一番くずれ」「二番くずれ」「三番くずれ」「四番くずれ」と呼んでいる。一番くずれは浦上村の庄屋がキリシタン村民を密告し、逮捕させたもので、ところが村民が団結してこれに抵抗したため、長崎奉行所は証拠不十分ということで村民を釈放し、逆に密告した庄屋を叱責・蟄居処分にした。二番くずれも密告によって浦上村の指導者を摘発したが、このときも釈放になった。三番くずれも浦上村の指導者を狙ったものであるが、このときには帳方や水方といった潜伏キリシタンの指導者が拷問によって獄死した。四番くずれは、文久二年（一八六二年）のカトリック再伝来に励まされた村民が公然とキリスト教信仰を表明し、檀徒となっていた寺院と絶縁するという挙に出たものである。長崎奉行所はこれらの村民を弾圧しようとしたが、まもなく江戸幕府が崩壊したため、頓挫した。

その他にも、豊後くずれ、天草くずれ、五島くずれなどがある。このように江戸初期から幕末まで潜伏キリシタンの摘発や拷問が継続的に行われていたことが知られるのである。しかしそれでも、潜伏キリシタンは命脈を保ち、やがて復活という時を迎えることになるのである。

キリシタンの復活

嘉永七年（一八五四年）に、日本がこれまでの鎖国をやめて、開国へと政策転換すると、宣教師たちも来日するようになった。その中でも特に積極的な宗教活動を展開したのがフランスのパリ外国宣教会所属の宣教師で、ジラール、プチジャンなどの宣教師が来日し、横浜と長崎の大浦に天主堂を創建した[18]。日本にキリスト教の教会が建つのは実に約二百五十年ぶりのことであった。表向きは在留外国人のための教会であったが、宣教師は物珍しげに見物に来た日本人たちに布教した。そのとき、現在でも語り継がれているある出来事が起こった。大浦天主堂に十五名ほどの一団が現れ、案内したプチジャンに「わたしたちの心はあなたと同じです」「サンタマリアの御像はどこですか」などと話しかけたのであった。プチジャンはかつて日本でキリスト教が栄えた歴史を知っていたが、キリスト教信者は幕府の激しい弾圧によって絶滅していたものと思っていた。ところが、数百年にわたって信仰を守り続けたキリシタンがここに存在しているのであった。この出来事は奇跡としてヨーロッパに伝えられ、このとき、潜伏キリシタンは復活キリシタンとなったのであった。

しかし、明治政府は江戸幕府にならってキリスト教禁教政策をとり続けた。というのも、欧米列強の脅威にさらされた未曽有の国難のもと、日本は神道を国教として、天皇を中心とする統一国家の建設をめざしていたからである。キリスト教を公認すれば、欧米列強によって日本の民衆は精神的に支配され、やがては他のアジア諸国と同様に植民地化されてしまうことを恐れたのであった。慶応四年（一八六八年）に太政官から民衆に告示された五榜の高札では、キリスト教は「邪宗門」と規定されていた。これは欧米列強の激しい抗議を受けたため、キリスト教禁教と邪宗門の規定を二つの条文に分けてその非難をかわそうとしたが、キリスト教禁教という方針には変わりなかった。そして、宣教師の来日、教会の建設に助勢を受けて、公然とキリスト教徒であることを表明している浦上村の民衆を危険視し、翌年に御前会議を開いた上で、その根絶をはかろうとした。世に言う「浦上事件」であり、キリシタンへの最後の弾圧事件であった。これは浦上村民全員を流刑にするという途方もない発想で、[19]三千三百八十名が西日本を中心とする各藩に預けられ、説諭、拷問などによって棄教を迫られた。五年後に解放されたが、無事帰村できたのは千九百三十名であったと言う。

明治政府は、キリスト教への弾圧が欧米との友好関係推進に大きな支障となっていること、神道以外の宗教を排除するという極端な宗教政策から、[20]神道を中心に、それ以外のすべての宗教も取り入れて、国民教化を推進するという宗教政策に転換したことから、明治六年（一八七三年）にキリスト教の禁止を告示する高札を除去して、キリスト教布教を黙認した。

このような状況で大半の潜伏キリシタンは教会に復帰したが、長年にわたって日本独自に宗教儀礼を営んでいたため、先祖供養などといった日本古来の信仰と習合して、キリスト教とはそのまま同一視しがたい独特な宗教形態も生まれていた。そのような信仰を保持し続けている人々を、潜伏キリシタンとは区別して「隠れキリシタン」[21]と呼んでいる。

注記

［第一章］

（1）「神話」という日本語の概念は英語の“myth”（あるいはそれに類似したヨーロッパ諸語）という概念に対する造語として作られた。この“myth”はギリシャ語の“mythos”（生じたことや生じる定めとなっていることについての言葉）を語源とする。“mythos”は論理によってはじめて構築される“logos”の世界とは対峙して、神々の権威によって、事実であることが予め前提とされるような世界である。

（2）『日本書紀』の「大八島」は大日本豊秋津洲《おほやまととよあきづしま》、伊予二名洲、筑紫洲、億岐《おき》洲、佐度洲、越《こし》洲（北陸道のことか）、大洲、吉備子洲である（別伝では多少異なる）。ここでは、『古事記』で「大八嶋国」に含まれていた淡路島、壱岐島、対馬が除かれ、越洲、大洲、吉備子洲が加えられている。越洲が大日本豊秋津洲とは別に立てられているということは、大日本豊秋津洲が畿内だけを指しているという説を補強するかもしれない。

（3）これらの神の大半は『日本書紀』本文には登場しないが、「一書《あるふみ》」と呼ばれる別伝（これは複数ある）の各々では登場したり、しなかったりするという違いが見られる。

（4）このトリノイハクスフネについては、『古事記』と『日本書紀』の間で記述が大きく異なっている。『古事記』ではイザナキとイザナミの子として扱われているが、『日本書紀』にはこの記述がなく、ヒルコを海に流す道具として使用されているにすぎないのである。

（5）ここで生まれたワクムスヒも食物神であり、イザナミの死を代償にして食物神が生まれたという意味で、食物化生神話の変形とみなすことができるかもしれない。

(6) ヒノカグツチの死体から生まれた神々はすべて山と深い関係を持っている。その理由については、山で採掘した鉄鉱で刀剣を鋳造する過程を前提にしているという説や火山の噴火を前提にしているという説などがある。

(7) 折口信夫の解釈。また、ヒルメを「日の妻」とも解釈している。この女性説に対して、アマテラスは本来男性神であったが、女帝の推古天皇の時、女神に改められたのではないかという男性説もある。

(8) 『日本書紀』本文の記述は『古事記』とまったく異なっている。すなわち、スサノヲはイザナキ、イザナミの間に生まれており、イザナミが死んでしまうという記述はない。そして、スサノヲが根の国(『古事記』の根の堅洲国《かたす》に対応)に行く理由は、スサノヲがいつも号泣してばかりいて、周囲に多大な迷惑をかけるので、イザナキとイザナミの二神が追放した、ということになっている。

(9) ただし、このウケヒについては、『古事記』と『日本書記』で諸説が存在している。そのポイントは三つある。一つ目は男女のどちらが生まれたら勝ちなのかという問題。『古事記』では女性誕生が勝ちであるが、『日本書紀』では男性誕生が勝ちとなっている。なお、女性誕生が勝ちという解釈は、『古事記』の編纂が持統天皇や元明天皇などの女帝の治世と重なっていたためではないかという推測がある。二つ目は実際にどちらが勝ったのかという問題。『古事記』ではスサノヲの勝ち、『日本書紀』ではアマテラスの勝ちとスサノヲの勝ちの両説がある。三つ目は生まれた五柱の男性神が誰の子になるかという問題。その中の一神の子孫がアマテラスの正当な後継者となってゆくだけにそれは大きな問題であろう。

(10) 天つ罪とは高天原《たかあまはら》という天上界においても元々見いだされる罪である。これに対して、国土が生成された後に地上界で新たに出てきた悪行を「国つ罪」と言う

(11) 『古事記』では、アマテラスがアマノハタオリメに神衣を織らせているときに、スサノヲの悪事に驚いたアマノハタオリメが死んでしまい、恐れをなして天の石屋《いはや》に籠もってしまうのに対して、『日本書紀』本文では、アマテラスがスサノヲの悪事に驚いて自ら負傷し、怒って籠もってしまうという設定になっている。

(12) この試みは複雑なプロセスを伴っており、アマテラスを力ずくで奪回する前に、かなり手の込んだ宗教儀礼を営んでいる。この記述が何を意味しているのか厳密なところはわからないが、アマテラスへの鎮魂あるいは復活を祈念する宗教儀礼を前提にしていることが予想される。

(13) この歌は『古事記』の中で最初に出てくる和歌なのであり、それに基づいて、スサノヲを和歌・文芸の始祖とみなす場合がある。

(14) 『日本書紀』本文ではオホクニヌシをスサノヲの子とするが、別伝の第二の一書ではスサノヲの六世の孫としている。第一の一書はスサノヲの子であるスガノユヤマヌシミナサルヒコヤシマシノの五世の孫としている。したがって、結果的には第二の一書と一致する。

(15) アマテラスが高天原の統治者とされているが、実際にはタカミムスヒの発言力が大きく、この神との協力関係のもとでアマテラスの権威が維持されていたように思われる。なお、特に『日本書紀』ではタカミムスヒが単独で高天原を代表して命令を与えている場合が多い。

(16) 『古事記』ではアマノワカヒコが死んで、父のアマツクニタマと妻が泣き悲しんでいたところ、アマノワカヒコによく似たアヂスキタカヒコネが弔問に訪れたのを見て、夫は死んではいなかったと、アヂスキタカヒコネの手足を撫で、それに怒ったアヂスキタカヒコネが喪屋を壊したという話があるが、この場合の妻はシタテルヒメではなく、以前に結婚していた別の妻を指すであろう。なぜなら、アヂスキタカヒコネとシタテルヒメはともにオホクニヌシの子で、兄と妹の関係にあり、通常、妹が兄と夫を見間違うことなどありえないからである。

(17) 『日本書紀』ではホノニニギのことを「皇孫《すめみま》」と呼ぶ場合が多い。しかし、「天孫《あまみま》」と呼んでいる場合もあり、その区分は必ずしも厳密ではない。それに対して『古事記』では「皇孫」「天孫」のいずれの表現も使用しておらず、「天つ神の御子」と呼んでいる。

［第二章］

（1）母子神信仰とは、母と子の二つの神を合わせて崇拝するもので、その場合の子は必ずと言っていいほど、男性神である。この信仰は世界の諸宗教や神話などにも見いだされる。よく知られているものに、エジプト神話に説かれる地母神で「悲しみの母」と称されるイシスとその子ホルス、聖母マリアとその子キリストなどが挙げられる。

（2）仲哀天皇の死因については、外国進出の可否に絡んだ暗殺説の可能性も考えられている。

（3）応神天皇の父の仲哀天皇や子の仁徳天皇を祀る場合もある。

（4）八幡神は天皇を百代まで守護するという「百王守護」の託宣を行ったと伝えられている。

（5）戒には出家と在家の区別があるが、五戒は在家信者が守るべきものである。不殺生戒のほか、不偸盗《ちゅうとう》戒（他人のものを盗んではならない）、不邪淫戒（邪な性的交渉をもってはならない）、不妄語戒（嘘をついてはならない）、不飲酒《おんじゅ》戒（酒を飲んではならない）がある。出家者には比丘《びく》で二百五十戒、比丘尼《びくに》で三百四十八戒のようにさらに厳しい戒が課せられる。

（6）密教で信仰される大日仏（大日如来）はこの毘盧遮那仏《びるしゃなぶつ》と起源が同じとされる。

（7）八幡神が大仏建立に対して行ったとされる託宣は次の通りである。「天神地祇《ちぎ》を率ゐいざなひて、必ず成し奉る。銅《あかがね》の湯を水となし、我が身を草木土に交へて、障《さは》る事無くさむ。」

（8）以心崇伝のように「黒衣の宰相」と呼ばれ、政治を牛耳った事例も存在するが、これはあくまでも権力者の側近になって、いわば権力の裏側で実権を掌握するという形でなのであって、自らが直接、将軍や大名になったりするわけではない。

（9）この場合の「大臣」は一般的な呼称ではなく、左大臣や右大臣などと区別される一つのポストである。道鏡はこの「大臣」に一年あまり在職した。その後の日本の歴史で「大臣」というポストは再び設けられることはなかった。

（10）和気清麻呂が報告した託宣の原文はつぎのようなものだったと言う。「我が国は開闢《かいびゃく》以来、君臣の分定まれり。

臣を以て君と為すこと未だあらざるなり。天つ日嗣ぎは必ず皇儲《こうしょ》（皇子のこと）を立てよ。無道の人は宜しく早く掃ひ除くべし。」

（11）和気《わけ》清麻呂の功績により、天皇即位を宇佐の八幡神に報告する際に派遣される勅使（「宇佐使《うさづかい》」と呼ばれる）は和気氏から選ばれることになった。この慣行は鎌倉時代まで続き、しばらく中断した後、江戸時代に復活した。

（12）仏教では菩薩を大菩薩と小菩薩に区別する発想があるが（たとえば『無量寿経』など）、八幡大菩薩の「大菩薩」は菩薩の偉大さに対する賞賛の意味を込めたものであって、この区別を前提にしていないと思われる。

（13）このような考えから、本来的に悟りに到達できない人間として位置づけられている「一闡提《いっせんだい》」（サンスクリット語では「イッチャンティカ」）と菩薩が結びついて、慈悲心のため、あえて仏になろうとしない「大悲一闡提」という発想も生み出された。

（14）別当家は田中、善法寺（菊大路）の二家に分かれている。善法寺通清の娘が足利義満を生んだことから、石清水八幡宮と足利将軍家の密接な関係が形成され、将軍の石清水参拝が度々行われた。籤《くじ》引きで将軍になったことで知られる第六代将軍足利義教が籤を引いた場所も石清水八幡宮であった。つまり、八幡神が将軍の選定を行ったに等しいのである。

（15）星野恒《ひさし》「世ノ所謂清和源氏ハ陽成源氏ナル考」（『史学叢説』第二集、明治四十二年、冨山房）を参照。ただし、現在に至るまで、清和源氏は陽成源氏と改められてはいない。清和源氏としての定着はおそらく平安時代にまで遡る相当前のことであって、自他、すなわち、源氏一門も社会一般も清和源氏として認知していたのであろう。

（16）「若宮」は、①非業の死を遂げた者の霊や御霊《ごりょう》信仰と結びついたもの、②本宮から勧請《かんじょう》されて新たにできた神社、別名「新宮」、という二つの意味があるが、「鶴岡若宮」の場合、②に該当するであろう。つまり、その場合の「若宮」は石清水八幡宮から勧請された新たな八幡宮という意味である。しかし、八幡宮に若宮が付設される現象がかなり一般的に多くみられが、それらは①の八幡信仰と御霊信仰が結びついている場合が多いと思われる。

（17）宇佐八幡宮が「宇佐神宮」と称したのと同様、明治時代初期に推進された神仏分離政策の影響を受けて、筥崎八幡宮も「八幡大菩薩」などとして仏教的な影響を強く連想させる「八幡」ということばを避けて、「筥崎宮」と称するようになった。

（18）現在の福岡県粕屋郡宇美町がその地とされている。『古事記』の記述によれば、宇美町の「宇美」は応神天皇の誕生（「宇美」＝「生み」）に因んでつけられたものである言う。そこには宇美八幡宮が建てられている。

（19）筥も箱と同様に「はこ」と訓読させているが、筥の場合、特に丸い形状の箱を指している。これに対して、特に四角い形状の箱を指す場合には「篋」と記す。なお、現在も福岡に残る地名としては「箱崎」と表記されている。

（20）その治績を讃えて、元寇の舞台となった福岡にある東公園には亀山上皇の銅像が立てられている。

（21）もちろん、本来の若宮、すなわち、応神天皇の子である仁徳天皇などを祀る若宮八幡宮も全国各地に多数ある。

（22）ただし、産土神《うぶすながみ》と氏神の区別は後に曖昧になっていった。たとえば、神社において寺院の檀家に相当するものを「氏子《うじこ》崇敬者《すうけいしゃ》」（あるいは単に「氏子」）と呼んでいるが、この場合の氏子たちが必ずしも同じ氏族である必要はない。地域で祀られている産土神を崇敬する者も氏子と呼ばれているのである。

［第三章］

（1）因果応報は、原因と結果が対応関係にあるという法則に近いものであり、その対応関係を維持、確定させるような神などの超越的な存在を必ずしも必要としない。その意味で、エジプトの宗教、ユダヤ教、キリスト教、イスラム教などに見いだされるような、現世の行いを神が具に調べて、死後のあり方を決定する死後審判の発想と対比されるであろう。しかし、因果応報は東アジア地域に伝えられて、閻魔大王の審判説と結びつき、やがて死後審判説へと接近してゆく。

（2）同様の概念としてメラネシアにおけるマナが知られている。これらは自らに起こる結果の好悪を、目にみえない特別な存在が自らに付着しているかを基準にして考える発想である。

（3）「ヴェーダーンタ」とも呼ばれ、ヴェーダ聖典群の極意を示すとされている。一般に編纂時期が古いと考えられる十数点を「古ウパニシャッド」、それ以外を「新ウパニシャッド」と呼んで区別している。

（4）ただし、極悪人は「神道《しんどう》」や「祖道」には入れず、虫のように微細な生類たちが生まれては死ぬような第三の場所に落ちるとされている。

（5）ジャイナ教では、解脱はアートマンが上昇して、「世界」から「非世界」に至ったときに獲得されると言う。したがって、アートマンが上昇できるように、苦行を通じて、アートマンに微細な物質が付着することを防ごうとする。

（6）インドにおける身分差別制度を一般に「カースト制度」と呼んでいるが、それは正確なものではない。インドの身分差別制度はヴァルナとジャーティが複合的に結びついて成り立っている。ヴァルナはバラモン（祭祀階級）、クシャトリヤ（王族、軍人）、ヴァイシャ（庶民）、シュードラ（奴隷）という四階級からなる階級制度である。これに対して、ジャーティは、固有の職業や社会的な役割をもった排他的な集団のことを指す。数千のジャーティが存在していると言われる。「カースト」という名称はインドに来たポルトガル人が後者のジャーティについて名づけたものであって、ヴァルナまで含む概念とは言えない。

（7）「無記」とは「未発達なもの」「未説明なもの」を原義とする。つまり、明確な形で表象されていない状態を指している。仏教でも行為の善悪がその結果のあり方に大きな影響を与えることを認めるが、生み出された結果そのものは善とも悪とも言えない。したがって、善や悪という明確な形で表象されない無記なのである。なお、「無記」と言えば、釈尊が自らの修行に不要な形而上的な質問にまったく答えようとしなかった「十四（または十）無記」がよく知られているが、この場合は、自らの考えを明確な形で表示しないという意味である。

（8）日本における僧養成制度は唐から招かれた鑑真の指導によってようやく確立することができた。その制度上、正式の僧になるためには、仏教教団内で守るべき戒律である具足戒を受ける必要があった。この受戒は通常、「三師七証」と言って、戒律を授ける戒和上《かいわじょう》、儀式作法を行う羯磨師《こんまし》、作法を教える教授師という三人の師と、儀式が格式通り行われたことを証明する七人の証人との合計十人の立ち会いが必要であり、それが充足されない場合、受戒は成立しなかった。

（9）大法師位、法師位、満位、住位、入位という五段階からなる僧位の四番目にあたる。伝灯、修学《しゅがく》、修行という三つの系列の区別があり、この系列と組み合わせて僧位が成り立つ。たとえば「伝灯大法師位」、「修学満位」などのようにである。しかし、平安時代以降、修学と修行の系列が廃れ、伝灯の系列だけになってしまった。なお、当時、僧位を盛んに昇叙する悪弊があり、一般の平凡な僧でさえ大法師位を得ていたと言う。したがって、自度僧であったかもしれない景戒が僧位をもっていた可能性も考えられなくはないであろう。

（10）『冥報記《みょうほうき》』は唐の時代に唐臨が著した書で、仏教の思想に基づいた因果応報の説話を収録している。『般若験記《はんにゃげんき》』（正式名『金剛般若経集験記』）も唐の時代に成立した書で、般若経典の一つである『金剛般若経』に帰依することによって得られた霊験《れいげん》の説話を収録している。

（11）インドの著名な仏教思想家であるヴァスバンドゥ（漢訳名「世親」）の著作。仏教の中心概念であるダルマ（法）を考究するアビダルマの綱要書としてよく知られている。

（12）上巻の第五・第三十話、中巻の第二十七話のように三宝全体そのものを帰依の対象とする説話もある。

（13）東大寺法華堂（三月堂《さんがつどう》）に現存している。東大寺法華堂には執金剛《しっこんごう》神像と金剛力士像とが別個のものとして存在しているが、本来は同一のものであり、独尊で表されたものが執金剛神、阿吽《あうん》の二尊で表されたものが金剛力士と区別して呼ばれたにすぎない。なお、仁王とは「二王」の意味である。

（14）その他には、仏像や仏画像を造ること、仏塔を造ること、供養の法事を行うなどが挙げられており、異色なところでは呪法の修得によって仙人になるなどというものも含まれている。

（15）『千手陀羅尼《だらに》』とも、『千手千眼観世音菩薩大悲心陀羅尼経』とも言う。千手観音による功徳を説く経典である。

千手観音はその名の通り、千の手をもち、その各々の手に眼があるとされている。無病息災の功徳があるとされ、信仰されてきた。

（16）なお『霊異記《りょういき》』では冥界の主を「閻羅《えんら》王」という表現で統一しているが、「閻羅」とは「閻魔羅」（Yama-rāja　ヤマ王）の略称であるから、厳密に言えば、「閻羅王」は「閻羅」とした方がよいであろう。

（17）インドのハリヴァルマン（漢訳名「訶梨跋摩《かりばつま》」）が著した書。経量部《きょうりょうぶ》という部派仏教の立場から、大乗仏教の思想を加味して、存在が空であること（本質を欠いていること）を説いている。後秦の時代にこの書に基づいて「成実宗《じょうじつしゅう》」という学派が形成された。日本にも伝えられ、成実宗は南都六宗の一つに数えられている。

（18）『ダンマパダ』第五頌で永遠の真理として説かれているもの。

（19）その他にも、道鏡を政界から追放した立役者である藤原永手、修験道の開祖と仰がれる役小角《えんのおづぬ》、秋篠寺を創建した善珠《ぜんじゅ》などが挙げられる。

［第四章］

（1）バーはタカの体に男性の頭をもっていると言う。タカは王の霊魂を表す鳥で、それがやがて霊魂（の一部）を意味するようになったのである。

（2）その記述で御霊について説明している部分を書き下すとつぎの通りである。「所謂、御霊は、崇道天皇、伊予親王、藤原夫人《ぶにん》、および、観察使、橘逸勢、文室《ふんや》宮田麻呂等これなり。並びて事に坐し誅せられ、冤《うら》む魂、癘《れい》をなす。近代以来、疫病しばしば発り、死亡するもの甚だ衆し。天下以て為す、この災、御霊の生ずるところなりと。」

（3）『霊異記』の記述とは異なり、『続日本紀《しょくにほんぎ》』天平元年二月十三日条では、長屋王とその妻吉備内親王を奈良県と大阪府の境にある生馬《いこま》山（生駒山のこと）に葬ったという記述がある。

（4）井上満郎「御霊信仰の成立と展開」（柴田実編『御霊信仰』（昭和五十九年、雄山閣）所収）を参照。ただし、

『霊異記』の著者景戒が行った長屋王の御霊化は薬師寺にゆかりのある長屋王に威令をもたせるためのものであるとの指摘は、『霊異記』が長屋王を仏教徒にとって好ましくない人物と捉えている点からして、妥当でないと思われる。

（5）天皇でなかった皇族が天皇の追尊を受けた例がいくつかあるが、そのほとんどはその皇族の子が天皇に即位したからである（たとえば、文武天皇と元正天皇の父で「岡宮御宇《おかのみやぎょう》天皇」という追尊を受けた草壁皇子、光仁天皇の父で「春日宮《かすがのみや》御宇天皇」という追尊を受けた施基《しき》皇子などがその例として挙げられる）。したがって、早良親王のように、怨念を鎮めるために追尊を受けるというのはきわめて稀な事例と言えるであろう。

（6）前掲井上論文を参照。観察使という官職は、大同元年（八〇六年）に即位した平城天皇が、地方政治の実状を調査するため、参議に兼任させる形で（後に参議は廃止）設置したものであるが、平城天皇退位後の弘仁元年（八一〇年）に廃止され、再び参議が置かれた。その間、十数名の者が任命されている。観察使に就任したもので怨霊化しそうな人物としては、藤原仲成しか思い当たらないということで、この観察使を藤原仲成と比定しているが、確証があるわけではない。井上論文が推定しているように、観察使と言っても参議相当の長官だけでなく、判官、主典という下位の役職もあるので、橘逸勢がその役職に就いていたとすれば、観察使を橘逸勢に掛けることができるであろう。ただし、記録が残っていないので、この推定は確認できない。

（7）さらに付け加えれば、民衆の為政者に対する批判の声とみなすこともできるであろう。

（8）神泉苑はその名の通り、水量豊富な源泉をもつ庭園で、桓武天皇が行幸したという記事が記録上の初見である。ここで桓武、平城、嵯峨という歴代の天皇によって宴遊が行われた。さらにその後、請雨修法の舞台となったらしく、空海が雨乞いの修法をしたという伝説がある。このように宴遊と修法の場という性格を合わせ持つ神泉苑は、華美な行列や舞踏などで彩られた御霊会《ごりょうえ》開催の場として相応しいと考えられたのではないか。

（9）上御霊神社の八所御霊は①崇道天皇、②他戸《おさべ》親王、③井上《いがみ》皇后、④火雷神《からいじん》、⑤藤原大夫《たいふ》神、⑥文室宮田麻呂、⑦橘逸勢、⑧吉備大臣であり、下御霊神社の八所御霊は①吉備聖霊、②崇道天皇、③伊予親王、④藤原大夫人、

⑤藤大夫、⑥橘大夫、⑦文大夫、⑧火雷神である。したがって、上御霊神社の御霊は六所御霊の「伊予親王」「藤原大夫人」「観察使」を、下御霊神社では「観察使」を欠いている。両者の八所御霊が一致しないことは明らかであろう。なお、両者で御霊に数えられる吉備真備は左遷された経歴があるが、その後、右大臣に至り、最後まで重用された人物であり、決して不遇の生涯を遂げた人物ではない。むしろ、二度の渡唐を果たし、権力者が興亡を繰り返した奈良時代を無事に乗り切った稀有な存在性が、御霊として祀られる理由であったのかもしれない。

(10) 武塔天神は、疫病が流行した場合には「わたしは蘇民将来の子孫である」と名乗って、腰に茅の輪につけていれば、疫病から免れることができるであろうと語ったと言われる。これに因んで、護符の一種として「蘇民将来子孫」と記した札を門戸に掲げる風習が生まれたり、祇園社などの社前に祭などの際に茅の輪を作ってそれを潜らせたりするような儀式が行われるようになった。

(11) 日本全国に「天王《てんのう》」という語を含む地名があるが、そのほとんどはこの牛頭《ごず》天王に由来している。また、「てんのう」と言うと、今ではほとんどの日本人が「天皇」を想起するが、江戸時代までは「天王」であったのである。

(12) 大宰帥《そつ》は日本の外交政策を担う大宰府の長官という重職であるが、大宰員外帥（「員外」とは定員外という意味）や大宰権《ごん》帥（「権」とは仮という意味）などとして、政治の上層部にいた者を左遷させ、都の外に追放するために利用されることもあった。菅原道真以外にも、たとえば安和の変で失脚した源高明《たかあきら》や叔父藤原道長との抗争に敗れた藤原伊周《これちか》などが同様に左遷されている。

(13) 参考までに、藤原鎌足から時平に至るまでの家系の没年を挙げておこう。鎌足五十六歳（または五十歳）、不比等六十二歳、房前《ふささき》五十七歳、真楯五十二歳、内麿五十七歳、冬嗣五十二歳、良房六十九歳、基経五十六歳（ただし、基経は良房の実子ではなく、良房の兄長良《ながら》の子。長良は五十二歳で没）。なお、時平の弟で、その後藤原氏の主流となった忠平は七十歳である。偶然かもしれないが、時平の死は突出して早いと言えるであろう。

(14) 同様の例として、保元の乱で敗死した左大臣藤原頼長が正一位太政大臣を贈られたことが挙げられる。また、早良親王が「崇道天皇」という追尊を受けたことも同様の発想によるものと言えるであろう。

（15）多治比文子《たじひのあやこ》については、巫女であったとも、道真の乳母であったとも、童女であったとも言われているが、その真偽は不明である。

（16）その他にも「太政威徳天」という呼び名がある。

（17）生前、左遷されたわたしが（再び「左」という字の付いた）左大臣になるのは恥ずかしいことだ、という趣旨で、天神となった菅原道真が左大臣の贈官に満足していないことが表されている。

［第五章］

（1）その際、物部尾輿と中臣鎌子は仏を「蕃神《あたしくにのかみ》」と呼んでいる。この蕃神は外国の神という意味で、伝播の当初から、日本の神々と仏は神という同じレヴェルの存在として認識されていたのである。なお、ここで出てくる中臣鎌子は藤原鎌足とは別人と考えるべきである。

（2）たとえ、一方の宗教を瞬時に根絶したとしても、その宗教を崇拝していた者が今度は別の宗教を崇拝するわけであるから、その個人のレベルで混交化が起こるであろうし、そもそも根絶された宗教が残した足跡をそう簡単に消すことはできないであろう。

（3）「三上神社」とも言う。これを近江国の多賀大社に比定する説もあるが、多賀大社はイザナキを祀っており、イザナキが神身離脱を願って仏教に帰依したとは考えにくいであろう。

（4）春日社参式とは、毎年正月に興福寺の貫首が従僧とともに春日大社に出かけ、春日大社の宮司とともに祭神に参拝し、『般若心経』や『唯識三十頌《じゅ》』（インドの仏教思想家ヴァスバンドゥが著した唯識思想の根本論書）などの仏教聖典を読誦するという儀式である。

（5）義江彰夫『神仏習合』（平成八年、岩波新書）を参照。

(6) 東大寺と八幡大神《はちまんおおかみ》の関係はこれとは若干異なる。こちらの場合、九州の宇佐で大仏建立に協力すると託宣した(と伝えられる)八幡大神を東大寺が迎え入れたもので、その背後には、東大寺と連携して中央政界に進出しようとする宇佐八幡宮の政治的な意図も窺える。

(7) オホモノヌシはオホクニヌシの幸魂《さきみたま》、奇魂《くしみたま》とされる。幸魂は人に幸福を与える力をもつ霊魂、奇魂は不可思議な力をもつ霊魂の意味である。

(8) 『続日本紀』の記述。伊勢神宮で何度も瑞雲(めでたい印の雲のこと)が見えたので、神宮側はこれを善政の徴として朝廷に報告したと言う。そこで朝廷は伊勢大神宮寺に丈六《じょうろく》(「丈六」とは一尺六丈の長さ。釈尊の身長が一尺六丈であったという伝承に由来する)の仏像を造らせた。道鏡の統治を称えるための謀略と推測される。

(9) 『続日本紀』文武天皇二年十二月乙卯《きのとう》条に多気《たけ》大神宮寺に関する記述があり、それを伊勢大神宮寺と結びつける説もあるが、諸写本には「多気大神宮寺」の「寺」字がなく、その信憑性が疑われている。

(10) アマテラスと毘盧遮那仏は、太陽の信仰に関連している点で共通している。この同一視は、東大寺大仏造立を発願した聖武天皇によって伊勢神宮に遣わされた橘 諸兄《たちばなのもろえ》が受けた夢告に由来すると言われており、かなり早い時期の本地垂迹の例と考えられる。

(11) 「三諦即一《さんたいそくいつ》」とは空諦(存在には実体がなく、空であるという真理)、仮《け》諦(実体のない存在が縁起によって生成するという真理)、中諦(「空」「仮」などの現象的観点を超越した存在の真理)という三つの真理が本来一つであるという考え、「一心三観《さんがん》」とは空観、仮観、中観という三つの観察を一念のうちに行う観法、そして、「一念三千」とは一念のうちにあらゆる世界が具足されているということである。いずれも天台宗の基本的な教説である。

(12) 「両部神道」という呼称そのものは室町時代に吉田神道を創始した吉田兼倶《かねとも》が述べた「両部習合神道」に由来し、それ以降に成立したと考えられている。しかし、そのことは両部的な神道形態がそれに先行して存在していたことを否定するものではない。

（13）「両界曼陀羅《まんだら》」とも呼ばれる。一般にはこちらの呼称が使用される場合が多いが、空海はこの呼称を使用していない。また、「両界」という概念は、元々は「胎蔵」あるいは「胎蔵生《しょう》」と呼ばれていたものが「胎蔵界」に転化して初めて成り立ったものである。したがって、正式には「両部曼陀羅」と呼ぶべきであろう。

（14）補陀落《ふだらく》（サンスクリット語で「ポータラカ」）浄土は観世音菩薩が住んでいるとされる浄土のこと。平安時代の中頃からこの補陀落浄土を目指して、船に乗って海の彼方に向かうことも行われた。これを「補陀落渡海」と言う。

（15）浄瑠璃《じょうるり》浄土は東方にあって、薬師如来（「薬師琉璃光如来」とも言う）が住んでいるとされる浄土のこと。薬師如来はその名の通り衆生の病苦を除き、安楽を与える仏として知られる。

（16）熊野までの道は山や川などが入り組んだ地形が多く、けっして容易い旅程ではなかった。当時、往復で二十日ほどの日数を要したと言われる。

（17）稲を担ぐ「イナニ」（稲荷）という語から派生したという説もある。

（18）『古事記』ではスサノヲの子として登場する。「ウカ」は食（うけ）につながる。なお、『日本書紀』（第五段の第六の一書）でも登場するが、その場合、イザナキとイザナミの子として位置づけられている。

（19）食物神の殺害については、『古事記』と『日本書紀』で記述が異なる。『古事記』ではオオゲツヒメがスサノヲに殺害されているが、『日本書紀』（第五段の第十一の一書）ではウケモチがツクヨミに殺害されているのである。

（20）稲荷神と狐が結びついた理由として、狐の尾が稲穂に似ているからという説がある。

（21）三階教《さんがいきょう》は隋の時代におこった仏教の一派。開祖は信行《しんぎょう》。その名の通り、仏教の教説を時、処、人に応じて三段階に分けるのが特色で、末法思想に基づいて、仏滅後五百年は第一階の教説、次の五百年は第二階の教説、そして、現在を末法の世として、それに相応しい新たな第三階の教説の必要性を説いた。唐の時代に広まったが、宋の時代に衰微した。

（22）やがて地蔵菩薩そのものが子供として表象されるようになったり、今日至るところで見られるような赤いよだれ掛けを掛けた地蔵が誕生するようになったりした。

【第六章】

（1）これはギリシャ語であるが、元々は「ヒンノムの谷」を意味するヘブライ語「ゲヒンノム」に由来している。ヒンノムの谷は子どもを焼いて神に捧げる祭儀が行われた場所で、別名「殺戮《さつりく》の谷」とも呼ばれ、やがて悪臭と火に満ちた地獄を意味するようになった。

（2）「ゲヘナ」をアラビア語に置き換えたものが「ジャハンナム」である。イスラム教の聖典『コーラン』はしばしばこのジャハンナムに言及し、最後の裁きによって、悪行者がそこに至ることを強調している。なお、地獄に留まる期間は、イスラム教を信じない者の場合、永遠であるが、イスラム教徒の場合、やがて天国（「ジャンナ」）に移されるとされている。

（3）古代エジプトでは、死者は永遠の生命を獲得するために、冥界の主宰者オシリスを中心とする審判を受けなければならなかった。すなわち、死者は自らの潔白を神の前で宣言し、天秤の前に立たされる。その天秤の一方には真実を表す羽根、もう一方には死者の心臓が置かれた。この天秤が釣り合った場合、無罪として永遠の生命を与えられるが、釣り合わなかった場合、その心臓はたちどころに猛獣たちの餌食になるとされている。

（4）これらに声聞《しょうもん》界、縁覚《えんがく》界、菩薩界、仏界の四つの世界を加えて「十界」と呼ぶ。

（5）その他にも、地獄の各地に散在して、孤独の苦しみを徹底して味あわせるという「孤地獄」などの存在が想定されている。

（6）十王とは①秦広王（七日目）、②初江王（十四日目）、③宋帝王（二十一日目）、④五官王（二十八日目）、⑤閻羅王（三十五日目）、⑥変成王（四十二日目）、⑦太山王（別名「泰山王」、四十九日目）、⑧平等王（別名「平成王」、百日目）、⑨都市王（一周忌）、⑩五道転輪王（三回忌）である。カッコ内の日等は王たちの裁きを受ける日を死後から起算したものである。

（7）これは、古来より日本において山が死者の赴く世界として信じられていたことと関連するであろう。

（8）第一章・第二節の「イザナミの死と黄泉の世界」の項を参照のこと。

（9）ただし、厳密に言えば、千引《ちびき》の石《いは》はイザナキがイザナミの追撃をかわすために置いたものであり、それが生と死の境目を象徴しているとすれば、この瞬間に生と死が明確に分かたれたと考えることもできるであろう。そのことは、イザナミが一日に千名の人を死なせると述べたのに対して、イザナキが千五百名の人を生ませると応じたことからも裏づけられる。

（10）もっとも、インドで作られたと言っても、釈尊が直接説いたものでなければ、仏説ではないという点で疑経ということになるであろう。これは『法華経』や『華厳経《けごんぎょう》』などといった、いわゆる大乗経典にも当てはまる問題であり、実際、大乗仏教は仏説ではないという大乗非仏説が提起されている。大乗では、自らの主張こそが釈尊の真意を表したものであるという確信からその連続性を認めようとするが、その主張は実証性をともなっていない。もし、このような主張がなりたつならば、いつでも、どこでも、釈尊の真意を受け継ぐと確信して説かれたものは仏説として認めざるをえないということになるであろう。仏教において「仏」とは何を意味するのか。現象の問題としても、宗教哲学的な問題としても、今後十分検討すべき余地を残していると言えるであろう。

（11）因明《いんみょう》とは仏教で独自に発達した論理学のことを言う。

（12）経論とは経典と論典の総称である。経典は仏が直接説いたものであり、論典は経典に対する注釈書と位置づけられている。

（13）六道輪廻について第三章・第三節の「テーマ④——輪廻」の項を参照のこと。

（14）三界の内、欲界とは欲望にとらわれた生物が住む世界、色界は欲望をともなわないが、物質的な拘束を受ける世界、無色界は欲望も物質的な拘束も受けない精神性のみが存在する世界とされている。

（15）第一の等活地獄から第六の焦熱地獄までの存続年数はその直前にある地獄の存続年数の八倍とされているが、第七の大焦熱地獄と第八の阿鼻地獄は計算によらないで、各々半劫《こう》、一中劫と規定されている。なお、存続年数の計算については諸説があって必ずしも一致をみない。ここではあくまでも『往生要集』の記述に基づいている。

（16）仏教では人間の体は地・水・火・風の四要素（これを「四大《しだい》」と言う）から成り立っていると考えているが、その四要素に各々百の病気を見いだし、これに四要素そのものの病気を加えて、四百四の病気があると数えるのである。

（17）五見の内で邪見以外のものを説明すると、有身見《うしんけん》は心と体に本体としての自我を見いだそうとする見解、辺執見《へんじゅけん》は自我を「実在する」あるいは「まったく存在しない」という極端な形で捉える見解、見取見《けんじゅけん》は誤った見方を真実として捉える見解、戒禁取見《かいごんじゅけん》は不正な戒や禁制を真理に導くものと捉える見解である。この五見は、仏教外の異教徒の誤った主張をまとめた「六十二見」などを整理して成立したものと言われている。

（18）生命のあるものがたどる四有の一つ。「有」とは生存を意味する。輪廻を前提にして、死んでから次の生を受けるまでの間を「中有」、次の生を受けた瞬間を「生有」、生まれてから死ぬまでを「本有」、そして、死ぬ瞬間を「死有」と言う。中有は「中陰」とも言われ、その経過期間については七日説や四十九日説がある。

（19）五逆罪は人倫や仏教に背く極悪の罪と位置づけられており、これらを犯すと無間地獄に堕ちるとされることから、「無間業《むけんごう》」と呼ばれている。

（20）「おろち」とも読ませる。ニシキヘビの一種で、全長五メートル以上もある巨大な蛇である。

（21）他にも「六道図」「十界図」と呼ばれる図画がある。六道図は地獄を含む六道の様子を描いたもの、十界図は迷いの世界である六道と声聞界などの悟りの世界を加えた十界の様子を描いたものである。

［第七章］

（1）インドへはヨーロッパから陸伝いで向かう陸路があり、到着に要する時間も航路と比較にならないほど短かったが、その陸路は当時イスラム教国の勢力下にあって使用できない状態にあった。

(2) アンジローはザビエルが鹿児島を去った後も鹿児島に留まり、その地における布教を任されたが、度重なる迫害に耐えきれず、出奔した。一説には、海賊船に乗って国外に逃亡し、明の沿岸地域で亡くなったとも言われている。

(3) 長期に及ぶキリスト教への弾圧によって、大道寺の跡地さえも不明になっていたが、明治時代に布教のため山口に赴任したビリヨン神父によって、それが発見され、ザビエルの記念碑が創建された。跡地は現在、ザビエル公園となっている。

(4) 本文で挙げた三人以外にも、小西行長、高山右近などのキリシタン大名が知られている。小西行長は父と同様にキリスト教を熱心に信仰し、その保護につとめた。関ヶ原の戦いに敗れて刑死するときも、切腹(すなわち、自殺)ではなく、斬首を選んだのはキリスト教信仰によるためと言われる。彼の家臣であった益田甚兵衛好次の子が島原の乱の指導者天草四郎時貞である。高山右近は織田信長、豊臣秀吉の信頼を受けて、戦国大名として頭角をあらわし、多くの大名をキリスト教に改宗させた。伴天連《ばてれん》追放令の発令によって棄教を迫られたが、拒絶した。そして、江戸幕府が出したキリスト教禁教令によって、棄教を拒んだ高山右近はマニラに国外追放になり、そこで没した。彼はキリシタン大名の中でも徹底して信仰を貫いた人物と言えるであろう。

(5) 父義直が洗礼を受けるなど、有馬一族全体がキリスト教に好意的であったこと、龍造寺氏に対抗して、熱心なキリシタンであった叔父純忠と連携を強化する必要があったことなどが挙げられる。

(6) 「南蛮寺」はキリスト教の教会であることを示す一般名称であって、「南蛮寺」と名のる聖堂は京都だけでなく、大阪、肥後など、日本各地に建てられている。

(7) ヴァリニャーノにはインド管区長としてインドに留まるようにという指令があり、ゴアで別れることになった。使節団がヴァリニャーノと再会するのは天正十五年(一五八七年)である。このとき、原マルチノは得意のラテン語による謝辞を述べた。これが「原マルチノの演説」と呼ばれているものである。

（8）このことが、日本のキリスト教が他の宗教と妥協しない姿勢を一貫して保持してきた理由の一つではないかと言われている。

（9）日本に来た宣教師たちは、仏教諸派の中でもこの特異な問答方法を駆使する禅宗に対しては、特にその対応に注意するよう指示を与えていた。

（10）伝えられているところでは、論争でやりこめられた仏教側が、キリスト教がダイウス（最高神「ゼウス」の訛ったもの）を神として信仰していることから、「ダイウス」と「大嘘（だいうそ）」を掛けて、キリスト教は大嘘教であると罵倒したと言う。このような例からみてもわかるように、あまり高いレヴェルの対論が行われてはいなかったことが推察される。

（11）ただし、信長の子信秀や孫の秀信、秀則などは後に洗礼を受けており、織田氏とキリスト教の関係はかなり密接である。

（12）船員が本当にそのような発言をしたかは必ずしも定かでない。秀吉あるいは彼の家臣（増田《ました》長盛）が、キリシタン弾圧の口実として船員の発言を曲解した可能性も考えられるであろう。

（13）処刑された二十六名はキリスト教が再伝来した直後の文久二年（一八六二年）にローマ・カトリック教会によって聖者に列せられた。

（14）しかし、フランシスコ会が家康の目論むスペイン船の関東入港の便宜をはかることに失敗すると、江戸での布教禁止と宣教師への貸家禁止、すなわち、宣教師たちが江戸に居住することを認めないという処分を受けることになってしまった。

（15）これとほぼ同じ時期にデウス号事件と岡本大八事件が起こった。前者は、マカオで家臣を殺されたキリシタン大名有馬晴信が報復としてポルトガル船のデウス号を撃沈した事件で、その事件の影響で一時、ポルトガル船の来日が途絶えた。後者は、失われた領地の回復を求めていた有馬晴信と、それに便乗して詐欺行為を行った岡本大八の間に起きた贈収賄事件である。この事件後、有馬晴信は蟄居（後に自害）となり、岡本大八は処刑された。両者ともキリシタンであったことから、家康がキリスト教を危険視するきっかけとなった。

(16) 内容的には秀吉が出した伴天連追放令と同じである。キリスト教を邪教とみなす発想は江戸末期まで持続され、開国後、欧米諸国からキリスト教への不当な理解であると抗議されても、政府の指導者たちはその発想を棄てようとはしなかった。

(17) 僧の読経を無効にするためにお経消しのオラショ（ラテン語"oratio"が日本語化したもの。「祈り」という意味）を隣室で唱えて、僧が帰った後、棺桶の中に入れてある死出の旅路用の持ち物（頭陀袋《ずだぶくろ》、六文銭）を廃棄して、代わりにロザリオや十字架を入れるなどした。

(18) 大浦天主堂は正式名「日本二十六聖殉教者天主堂」と言い、殉教して聖者に列せられた二十六人のキリスト教徒に捧げるため、その殉教の丘に向けて建てられた。

(19) しかし、これは小松帯刀《たてわき》の要請による譲歩案であって、当初は、木戸孝允の意見に基づいて、中心人物の処刑を予定していた。

(20) 仏教についても、神仏分離令（神仏判然令）が出されて、「廃仏毀釈」と呼ばれるような、寺院や仏像の破壊などといった仏教弾圧が行われた。

(21) このタームについては「かくれキリシタン」「カクレキリシタン」「隠れ切支丹」などの表記もあり、現在でも統一されていない。

あとがき

わたしはこれまで宗教研究に携わってきた。その対象となってきたものは仏教、特に「中観学派」と呼ばれるインドの大乗仏教、キリスト教神学の中から派生し、現代における宗教理解のパラダイムとして注目されている宗教多元主義、そして、西田幾多郎を中心とする近代日本の宗教哲学など、古今東西にまたがるものとなっている。元々思想的な関心から宗教研究を志したという点からして、研究は思想的な側面に関わるものがほとんどであったけれども、これらの研究とは別に、わたしが最近惹かれている新しい研究の方向は、宗教を思想的な側面だけでなく、思想を含む文化的営為の総体として捉え、それと人間との関わりについて考えるというものである。本書は、わたしたちの基盤とも言える日本の宗教を対象とした、その試みの一歩として位置づけることができるであろう。

「はじめに」でも述べたように、本書は日本の宗教に関わる諸問題を、筆者が扱うことの可能な部分から、いわば断片的に扱ったにすぎない。したがって、これだけの内容をもって「日本の宗教は……である」と結論づけるつもりはないし、そもそも、そのような結論づけがいかなる意味をもちうるのかという本質的な疑問さえ感じているのである。それはともかくとして、本書で挙げた七つのテーマ以外にもテーマを広げてゆくということ、そして、ここで扱った七つのテーマについてもさらにその考察を深化させてゆくこと、この二点が今後のわたしの課題となっている。

最後に、このささやかな書によって日本の宗教文化について何らかの興味をもち、その興味からひいては、人間が宗教を営むという事実の意味について真剣に考えてくれる人々が増えてくれるならば、筆者の喜びはこれにまさるものはないであろう。

平成十五年十二月

福岡にて

岸根敏幸

《著者紹介》
岸根敏幸（きしね　としゆき）

昭和38年、尾道うまれ。横浜そだち。早稲田大学第一文学部、東京大学大学院人文科学研究科を経て、博士（文学）の学位を取得。現在、福岡大学人文学部教授。専門は神話学、宗教学、仏教学。研究テーマは「神話と宗教を中心とする思想文化研究」。単著書に『チャンドラキールティの中観思想』（平成13年、大東出版社）、『宗教多元主義とは何か――宗教理解への探求――』（平成13年、晃洋書房）、『日本の神話――その諸様相――』（平成19年、晃洋書房）、『古事記神話と日本書紀神話』（平成28年、晃洋書房）がある。

日本の宗教――その諸様相――

2004年4月20日　初版第1刷発行
2024年4月15日　初版第10刷発行

＊定価はカバーに
表示してあります

著　者　岸　根　敏　幸©
発行者　萩　原　淳　平
印刷者　田　中　雅　博

発行所　株式会社　晃　洋　書　房
〒615-0026 京都市右京区西院北矢掛町7番地
電話　075(312)0788番(代)
振替口座　01040-6-32280

ISBN978-4-7710-1519-7　印刷・製本 創栄図書印刷(株)